BREVE HISTORIA DE ROMA

ROMA

EL IMPERIO

BREVE HISTORIA DE
ROMA

EL IMPERIO

Bárbara Pastor

nowtilus

Colección: Breve Historia
www.brevehistoria.com

Título: Breve Historia deRoma. El Imperio
Autor: © Bárbara Pastor

Copyright de la presente edición: © 2008 Ediciones Nowtilus, S.L.
Doña Juana I de Castilla 44, 3º C, 28027 Madrid
www.nowtilus.com

Editor: Santos Rodríguez
Coordinador editorial: José Luis Torres Vitolas

Diseño y realización de cubiertas: Murray
Diseño interior de la colección: JLTV
Fotografías interior páginas 90, 91, 107, 143: Patricia Calvo

ISBN-13: 978-84-9763-536-3
Fecha de edición: Septiembre 2008

Printed in Spain
Imprime: Estugraf Impresores S.L.
Depósito legal: M-37504-2008

ÍNDICE

1

Introducción

El Imperio romano, tal como Augusto lo estableció, fue el resultado del confuso periodo de guerras civiles que se prolongó en Italia y en las provincias romanas durante ochenta años.

Mucho antes de Augusto, en los años de la República, Roma trató de impedir que en Oriente se formase cualquier fuerza política sólida, susceptible de llegar a ser un peligro para el Estado romano. Cuantos más disturbios hubiese, pues, en Oriente, mejor era para Roma y mayor su esperanza de llegar a ser la potencia predominante en Oriente.

La intervención romana en Oriente pasó por varias fases. La fase inicial fue la primera guerra macedónica, cuyo objetivo era defender a Roma y a toda Italia contra los propósitos imperialistas de Macedonia y Siria. La segunda fase consistió en proteger las ciudades griegas contra un posible resurgimiento de las dos potencias humilladas. Y en la tercera fase, que fue la más importante, Roma aplastó a Macedonia al intentar liberarse de la intervención romana. Consecuentemente, Macedonia desapareció como potencia del mundo helenístico. A partir de entonces, cualquier intento de rebelión contra el poder romano era aplastado de forma implacable. Esta actitud cruel y despiadada de Roma generó odio entre la población griega de Oriente.

Sin embargo, como las tropas griegas y macedonias no bastaban para defender sus fronteras septentrionales contra los bárbaros, no tuvieron más alternativa que la sumisión absoluta. Roma introdujo entonces en Oriente el sistema de división en provincias que ya antes había adoptado para el gobierno de los antiguos dominios cartagineses (Sicilia, Cerdeña, Córcega y España), y que tomó la forma de una ocupación militar permanente bajo la dirección de uno de los magistrados anuales romanos. Macedonia fue la primera provincia romana en el Oriente griego.

La férrea mano romana puso fin para siempre a las guerras exteriores y a la discordia interior, y la vida económica de Grecia y del Oriente helenizado comenzó a revivir a finales del siglo II a.C. Pero la prosperidad duró muy poco. La piratería en el mar Egeo y en el mar Negro y la libertad de que disfrutaban los gobernadores romanos para explotar las provincias llevaron la bonanza económica por mal camino. En consecuencia, Mitrídates, rey del Ponto, instigó a los suyos para luchar contra la opresión romana. El resultado de tal enfrentamiento fue un desastre absoluto y la ruina para el Oriente griego.

Mientras tanto, Italia se convertía en el país más rico del mundo. La Italia meridional, Cerdeña y Sicilia fueron los mercados de cereales más ricos del mundo. Apulia y parte de Sicilia producían lanas de la mejor clase. Campania y Etruria poseían una industria muy desarrollada, famosa por su metal y su cerámica.

Los miembros de la antigua y la nueva aristocracia de Roma e Italia, que en su mayor parte habían hecho su fortuna en Oriente, introdujeron el sistema capitalista oriental en la agricultura y la industria italianas. El desarrollo del sistema capitalista en Italia fue facilitado por muchos factores, por ejemplo, la abundancia de mano de obra barata. De Grecia y Asia Menor afluían a Italia enormes masas de esclavos, hábiles artesanos y trabajadores del campo. Italia exportaba gran cantidad de vino, aceite de oliva, objetos de metal y cerámica a los mercados de la Galia, España y Africa.

Progresivamente, Roma dejó de ser un Estado de campesinos gobernado por una aristocracia de terratenientes; y surgió una clase de negociantes muy influyente, así como una burguesía urbana bien acomodada. Esta nueva burguesía no formó parte activa en la vida política del Estado, sino que la aristocracia romana seguía ejerciendo su papel de siempre. La burguesía se dedicaba a organizar la vida económica y a la construcción de edificios, sin manifestar interés por participar en la vida pública de la capital. El enriquecimiento progresivo de las dos clases superiores de los ciudadanos romanos tuvo enorme influencia en la vida política, económica y social del Estado romano. El empleo de grandes capitales en olivares y viñedos aumentó el valor de la tierra, y muchos labradores vendieron sus propiedades y se establecieron en la ciudad. Con la disminución de la población campesina y el aumento del número de esclavos y colonos en Roma, la comunidad romana corrió graves peligros. El régimen aristocrático tradicional degeneró en una oligarquía de nobles familias ricas, en tanto que la fuerza militar de Italia, basada en la clase campesina, se desvaneció. No olvidemos que solo los ciudadanos que poseían una cierta cantidad de tierras estaban obligados a servir en el ejército romano, lo cual provocó que muchos campesinos vendieran sus tierras a los grandes propietarios, permaneciendo en ellas como colonos y librándose así de la carga del servicio militar. Ante esta situación reaccionaron rápidamente los hermanos Graco, quienes se propusieron realizar una reforma agraria y restaurar el antiguo modelo social. Pero el Estado romano estaba ya sufriendo una gran crisis. El Estado de campesinos no podía ser resucitado.

La invasión de Italia por tribus celtas demostró la incapacidad del ejército romano. Se hizo necesaria, pues, la creación de un ejército profesional y la formación de nuevos generales que consagraran su vida a la defensa de las fronteras. Cornelio Sila, Pompeyo, Mario, Julio César, todos ellos trataron de controlar la difícil situación en la que se encontraba el Imperio. El periodo de las guerras civiles fue una época de grandes sufrimientos para el Estado romano, y todos los ciudadanos sin excepción deseaban lo mismo: paz. La paz que habría de traerles Octavio Augusto, su primer emperador y padre de la patria.

2

Augusto, el primer emperador

La República había muerto prácticamente cuando César pasó el Rubicón con sus tropas como respuesta al estado de excepción decretado por sus adversarios (a principios del año 49 a.C.), lo que fue el inicio de la guerra civil en Roma. César regresó a Roma victorioso en el año 43 a.C., otorgándosele la dictadura vitalicia. El antiguo régimen republicano se mantenía en apariencia, pero el poder del Estado estaba en manos del vencedor. Así, la antigua república basada en la igualdad aristocrática había llegado a su fin. pero el nuevo régimen no se organizó hasta el año 27. Los últimos años de la guerra civil fueron decisivos; a la dictadura siguió el principado. El gobierno estaba en manos de un solo jefe, la política cedió paso a la administración y a la burocracia. Desapareció la lucha abierta entre las facciones. En torno al príncipe había solo camarillas. El principado salió de la guerra civil y descansaba en la fuerza del ejército, pero logró encuadrarse adecuadamente en el marco constitucional. Todo esto se desarrolla en el libro dedicado a la Monarquía y la República romana en esta misma colección.

El año 27 a.C. marcó una nueva etapa en la historia de Roma. Es el año en que Cayo Octavio (hijo adoptivo de Cayo Julio César, muerto en los idus de marzo) fue proclamado Augusto por el senado y empezó así el nuevo periodo llamado Imperio, recibido por todos como el inicio de un camino hacia la paz y la prosperidad. El propio nombre de Augusto así parecía garantizarlo.

El recién nombrado emperador se dio cuenta del ansia de paz que tenía su pueblo, cansado de tantas guerras y tanto sufrimiento. De la capacidad que mostrara Augusto para devolver la tranquilidad a los ciudadanos dependería el éxito de su mandato. En definitiva, tenía en sus manos la tarea de recuperar el equilibrio psicológico dañado por las guerras civiles y por la inestabilidad económica en que había vivido Roma durante muchos años. A Augusto le esperaba, pues, una ardua tarea por hacer. Pero tenía una ventaja, y es que sabía lo que quería su pueblo: paz y tranquilidad.

Cuando el nuevo emperador asumió el poder, el Estado romano era un gran territorio regido por la colectividad de los ciudadanos romanos, representada por un cuerpo gobernante de ciudadanos ricos y nobles, miembros del Senado. La clase gobernante era más bien pequeña, y sus miembros residían en la capital. Una influyente clase de hombres de negocios y terratenientes formaba, con el orden senatorial, la clase superior en Roma y en las ciudades de Italia. La clase trabajadora estaba formada por comerciantes y artesanos en las ciudades; por pequeños agricultores en el campo, y por una multitud de esclavos y colonos en las fincas rústicas de la burguesía. Dentro del Estado romano se desarrollaba un libre intercambio de artículos de primera necesidad: trigo, pescado, aceite, vino, cáñamo, lino, maderas de construcción, metales y productos manufacturados.

Los ciudadanos de todas las clases sociales coincidían en el deseo de ver terminadas las guerras y restablecida la paz. Todos confiaban en que la batalla naval de Accio, entre Marco Antonio y Octavio, hubiera sido la última de las guerras civiles.

Sin embargo, la clase dirigente de la población del Imperio no estaba dispuesta a aceptar una solución cualquiera. Los ciudadanos habían combatido por la restauración del Estado romano y no por la creación de una monarquía oriental, más o menos disfrazada. No faltaban quienes veían tras la ambición de Augusto un deseo de despertar los fantasmas de la monarquía. Querían la paz, pero una paz satisfactoria para todos. Eso quería decir que estaban dispuestos a seguir a Augusto en tanto que él prometiera mantener todos los privilegios que entonces disfrutaban. Solo bajo esta condición lo aceptarían como jefe supremo del Estado romano.

En principio, pues, no parecía difícil satisfacer la demanda de los ciudadanos, puesto que no eran necesarias grandes reformas ni demasiados cambios. Ya sus predecesores habían conseguido lo más importante. Mario, Sila, Pompeyo, César y Marco Antonio habían dejado las bases suficientemente estructuradas para poner en marcha la maquinaria del Imperio.

Las guerras civiles habían incorporado al mecanismo del Estado un ejército permanente, como motor importantísimo que aseguraba una respuesta rápida ante cualquier amenaza exterior o interior. Así que un ejército bien disciplinado se presentaba como una necesidad ineludible para mantener la paz y el orden. Y este ejército tenía que estar formado por ciudadanos romanos, si éstos querían conservar su posición de dueños del Imperio.

Además, un ejército permanente ofrecía la ventaja del reconocimiento a un jefe único, que lo dirigía con disciplina, con eficacia y con respeto. La obra política de Augusto fue, por consiguiente, no una restauración de lo que existía antes, sino una consolidación y un ajuste de lo que ya había. Tomando algunas precauciones para evitar que el ejército se atribuyera excesivo protagonismo, Augusto mantuvo las legiones fuera de Italia, en las fronteras del Estado romano. En Italia quedó solo un pequeño núcleo de tropas, la guardia pretoriana del emperador. Las legiones y la guardia estaban formadas exclusivamente por ciudadanos del orden sena-

Estatua de Augusto, llamada de *Prima Porta*. El emperador
jefe del ejército aparece en toda su majestad. Este motivo está
ilustrado de forma soberbia en la coraza cincelada: en el
centro, Frates, rey de los partos, entrega a Tiberio las enseñas
que les habían arrebatado a los romanos en la anterior guerra.

torial y los équites, es decir, los dos escalafones más altos de la jerarquía social.

A pesar de todas las precauciones, el ejército era el dueño y señor del Estado, y el emperador había llegado a serlo gracias al ejército. De manera que Augusto seguiría siendo emperador mientras el ejército lo quisiera. Un ejército de soldados profesionales que servía durante veinticinco años no podía ser fácilmente eliminado de la vida política del Estado o alejado de las decisiones políticas. Todo lo contrario. Interesaba que el ejército fuese lo más profesional posible, a fin de que su interés por defender la patria estuviese fuera de toda duda. Para ello, era necesario pagar bien a los soldados. Solamente así resultaría atractiva la elección de la carrera militar. El inconveniente, claro está, era que una paga suculenta supondría una carga para las arcas públicas. Pero Augusto lo asumió con pleno convencimiento.

Augusto era una aristócrata romano, y para él la gloria militar, las victorias y los triunfos eran el galardón supremo de la vida del hombre. Augusto era el hijo adoptivo de César, y todo el mundo sabía que César había albergado la esperanza de conseguir dos objetivos: consolidar el poder romano en el Norte y el Nordeste y vengar el honor romano, manchado en el Este y el Sudeste por la derrota de Craso y por los éxitos dudosos de Marco Antonio.

Augusto sabía muy bien que no podría afianzar la paz mediante una política de resistencia pasiva, sino con una política de esfuerzo militar. El problema principal residía en la nece-

EL IMPERIO
EN TIEMPOS
DE AUGUSTO

1 Lacio—Campania
2 Apulia—Calabria
3 Lucania—Brucio
4 Samnio
5 Piceno
6 Umbría
7 Etruria
8 Emilia
9 Liguria
10 Venecia-Istria
11 Transpadana
12 Alpes Grayas y Peninos
13 Alpes Cotianos
14 Alpes Marítimos

Provincias imperiales
Provincias senatoriales
Regiones italianas (a fines del siglo I a.C.)
Reinos o principados «protegidos» y territorios autónomos

Batallas
Paz de Brindis 40 a.C.

Desde el año 27 Augusto impuso una nueva distribución del Imperio. El Senado conservaba su control sobre las provincias pacificadas. Las más ricas (Asia, Bética...) las gobernaba un procónsul. El Emperador conservaba las provincias anexionadas recientemente. Las provincias mayores (como Germania) estaban defendidas por legiones y las administraba un legado imperial. Egipto era una excepción dada su importancia y su riqueza; estaba gobernado por un prefecto. La *Urbs*, Roma, era la sede de las instituciones administrativas y de la autoridad imperial. Augusto dividió la ciudad en 14 regiones. Italia estaba dividida en once regiones, sin representantes del poder central.

sidad de establecer para el Imperio romano fronteras permanentes y seguras, y así hacer posible una paz duradera.

. Distribuyó diez mil soldados a lo largo y ancho de toda Italia, los cuales constituyeron la guardia pretoriana privada del emperador, y al mismo tiempo actuaban de puño de hierro bajo la apariencia de una moderada política de orden y disciplina. Un contingente de mil quinientos hombres formaban la policía de Roma, cuyo deber era impedir motines y disturbios callejeros que tantos problemas habían originado en los tiempos anteriores.

El Senado adoptó al principio una actitud sumisa ante Augusto. Le solicitó humildemente que aceptara todos los poderes, pero sobre todo dos. El de *Imperator* que le confería el mando de las fuerzas armadas, y el de *Princeps* que le ponía en el lugar de primer ciudadano. Al concederle el título de Augusto se producía, sin necesidad de expresarlo, un gesto de esperanza que el emperador comprendió inmediatamente. Esperaban de él que devolviera a Roma la prosperidad económica, que ahora estaba destruida por culpa de las guerras y de la corrupción. Para ello, determinó que los impuestos llegaran al tesoro central por encima de todo. Y dejó bien claro que se castigaría a todo aquel que tratara de faltar a sus obligaciones como ciudadano. No habría, pues, clemencia para los infractores.

La plebe de Roma constituía un tercer grupo de privilegiados. Los ciudadanos residentes en Roma vivían desde hacía mucho tiempo de los repartos gratuitos de trigo. Augusto tuvo buen cuidado de respetar este privilegio. Solo después de muchos años limitó el número de beneficiarios a doscientos mil ciudadanos, dóciles partidarios del emperador.

Durante las dos primeras décadas del principado, Augusto dejó al pueblo la elección anual de los magistrados. Como había ocurrido ya durante la República, este derecho provocaba sangrientas luchas callejeras. Por ello se limitó el acto de la elección a una mera formalidad; la verdadera lucha electoral tenía lugar dentro de un grupo más reducido, en las centurias de senadores, caballeros y ciudadanos ricos, expresamente creadas para ello. *Quieta non movere*, cambiar lo menos posible, esta fue la consigna del joven emperador.

Igual que antes hiciera Pericles en Atenas, Augusto dio trabajo a miles de personas con su política de grandes construcciones. Embelleció Roma con sus propios fondos y cuidó del aprovisionamiento del agua. Algunos piensan que la verdadera importancia del poder de la propaganda solo ha sido reconocida en el siglo XX. Pero ya Augusto sabía que la opinión pública es una fuerza determinante para cualquier político y que para influir sobre ella hay que contar con el apoyo de determinados portavoces. El más importante fue Mecenas, quien recibió el encargo de agrupar a su alrededor a los mejores poetas y ganarlos para la causa del nuevo régimen. De esta forma, la *Eneida* de Virgilio, las *Odas* de Horacio y las *Elegías* de Propercio ensalzaban los valores tradicionales del pueblo romano que todo buen ciudadano debía respetar.

La literatura ofreció al emperador un medio fabuloso para transmitir su mensaje a todo su pueblo. El retorno a las estrictas costumbres de los primeros tiempos romanos se reflejó también en la legislación en materia de matrimonio, herencia y lujo, destinada a frenar la tendencia de los ricos al celibato, a la ausencia de hijos y a una vida desenfrenada. Livia, esposa de Augusto y su consejera de confianza, tuvo que llevar la vida de una antigua matrona romana; pero su hija Julia se rebeló contra la disciplina paterna que le parecía insoportable. Y a Julia su actitud le costó la libertad, pues fue desterrada a una isla solitaria.

A pesar del control fiscal y del freno de la corrupción que el emperador se propuso conseguir, los ingresos del Imperio aún no satisfacían todas sus necesidades y gastos, puesto que su objetivo de embellecer la ciudad iba seguido de la creación de una brigada de bomberos y de un plan de extensión de vías por todo el Imperio. Todo ello resultaba muy costoso.

Y fue precisamente en la cuestión financiera donde vio Augusto su oportunidad para consolidar su dominación. Cinco años antes, cuando derrotó a Antonio y a Cleopatra, se apoderó de Egipto no solo como provincia romana, sino como su propiedad privada. Y siendo como era la región más rica del mundo mediterráneo, es fácil comprender el gran provecho que sacó de tal victoria. Egipto fue utilizado como granero y proveedor de alimentos para Italia. Todos los impuestos cobrados a los campesinos egipcios iban al tesoro personal de Augusto.

Todas las costas del Mediterráneo pertene- cían directamente a Roma o eran gobernadas por reyes nominalmente independientes pero que eran conscientes de estar bajo el poder absoluto de Roma. Esos reyes no podían subir a sus tronos sin permiso romano y podían ser depuestos en cualquier momento. Por esta razón, eran completamente sumisos al emperador.

Al oeste de Egipto estaban las provincias de Cirenaica, África y Numidia. La provincia de África incluía lo que antaño había sido el dominio de Cartago, ciudad que estuvo a punto de derrotar a Roma dos siglos antes.

Al oeste de Numidia, zona que hoy corresponde a Argelia y Marruecos, estaba el reino independiente de Mauritania. Era así llamado porque estaba habitado por una tribu cuyos miembros se llamaban a sí mismos *Mauri*. De ahí que en español se llame moros a los habitantes del norte de África.

Al norte del Mediterráneo estaban, al oeste de Italia, las dos ricas regiones de Hispania y Galia. En Hispania, los romanos entraron por primera vez dos siglos antes de Augusto. Pero durante ese tiempo los nativos de la península ibérica resistieron valientemente a las armas romanas. Y en tiempos de Augusto, faltaba todavía por pacificar la zona norte de la península. Los cántabros lucharon contra los ejércitos de Augusto durante varios años, y en el año 19 a.C.

Hispania se convirtió por fin en un lugar pacífico del Imperio romano.

Augusto dirigió en Hispania operaciones pacíficas y ofensivas bélicas, y fundó ciudades tan conocidas como Zaragoza y Mérida, cuyos nombres latinos eran Caesaraugusta y Augusta Emerita. Al sur de Asia Menor estaba Siria, que era provincia romana, y Judea, con un rey nativo que gobernaba con permiso romano.

Al contemplar el Imperio, Augusto lo vio bien unido por caminos que se extendían desde Italia hasta las provincias, en una red en constante expansión. Al este de Judea la situación era más peligrosa. Allí estaba la única potencia organizada que lindaba con los dominios romanos y era independiente de Roma. Era nada menos que Partia, una región hostil a Roma (y que corresponde al actual Irán). A pesar de varios intentos, los romanos no lograron conquistar totalmente Partia, que siempre había demostrado superioridad militar frente al ejército romano. Sin embargo, nadie ponía en duda ya el acierto de tener al frente del Estado romano al ambicioso emperador Augusto, que estaba consiguiendo ampliar la extensión del territorio romano hasta límites insospechados. Germania, sin embargo, se mantuvo imbatible durante mucho tiempo.

El factor principal de la vida económica del Imperio fue el comercio, además de la agricultura. El comercio con los países vecinos, y con otros más lejanos como China y la India, empezaba sus primeros pasos. Germania enviaba ámbar hacia Italia, así como pieles y esclavos. El sur de Rusia proveía de trigo y exportaba cáñamo, pieles, cera y miel. Los Urales mandaban oro, y los beduínos del Sáhara, dátiles y esclavos negros. El comercio era muy abundante entre Egipto y África central: marfil, maderas preciosas, oro, sustancias aromáticas y especias eran los principales productos de intercambio. De China llegaba al artículo que fue considerado de lujo por excelencia durante muchos siglos, la seda.

El comercio de aceite y vino era de gran importancia en la vida económica de Italia, Grecia y Asia Menor. Egipto era el único centro productor de papiro y de tejidos de lino. La cerámica de esmalte rojo italiana dominaba todos los mercados. Los utensilios de metal de Alejandría no tenían competencia posible. Italia producía abundante vidrio y lámparas de arcilla. Los artículos de tocador en ámbar eran monopolio de Aquileya. Toda Italia era un mercado gigantesco y riquísimo para el resto del mundo civilizado.

EL SENADO

Augusto quiso convertir el Senado en el pilar fundamental del Estado, pues vio que estaba muy debilitado como consecuencia de los conflictos del siglo I. Estableció las siguientes condiciones para quien aspirase a ser nombrado senador: tener veinticinco años de edad, ser

Guardias pretorianos en un bajorrelieve del siglo II a.C.
Museo del Louvre, París. Los pretorianos eran la guardia
particular del emperador. A partir del siglo II d.C.
adquirieron un papel importante en la vida política
y jurídica.

ciudadano romano, tener una fortuna de un millón de sestercios, haber sido por lo menos cuestor y llevar una vida moral digna. Augusto limitó el número de senadores a seiscientos, y les impuso una obligación sin precedentes: sesión obligatoria dos veces al mes, a la cual había que asistir bajo pena de multa.

En lo relativo a política extranjera, el Senado ya no decidía acerca de la diplomacia y la guerra. Ahora lo hacía el emperador. Pero sí opinaba y recibía embajadas. El Senado era fuente legislativa, y votaba senadoconsultos que tenían fuerza de ley. En el ámbito administrativo, tenía la dirección de Roma e Italia. Compartía el poder con el emperador en cuestiones relacionadas con la moneda, pues el Senado acuñaba las monedas de bronce, y Augusto las de oro y plata. El Senado, por último, recibió una amplia competencia en materia judicial. Era el alto tribunal en lo político, podía conocer apelaciones interpuestas contra las decisiones de los magistrados y juzgaba en materia criminal los asuntos concernientes a un miembro del orden senatorial. El Senado era, por consiguiente, el punto de unión entre el pueblo y el emperador, y al mismo tiempo un freno moderado al exceso de poder imperial.

Una de las medidas más inteligentes de Augusto fue mantener las magistraturas republicanas, con la misma duración anual y colegialidad que tuvieron siempre. Esta medida, a los ojos del pueblo, transmitía confianza y serenidad frente a cualquier sospecha de actitudes monárquicas. Las magistraturas eran vistas por todos como garantía de participación ciudadana. Añadió dos nuevos órganos, uno consultivo (el Consejo) y otro ejecutivo (un número de funcionarios dependientes directamente del emperador).

El Consejo del emperador

tenía la misma competencia que el Senado, pero sin poder legislativo. Y los funcionarios constituían todo un sistema de órganos ejecutivos paralelos a los antiguos magistrados. El más importante fue el prefecto del pretorio, equivalente al consejero privado del emperador. Y por debajo de él, otros funcionarios desempeñaban distintas tareas en la cada vez más compleja maquinaria de la administración. De hecho, Augusto fue el creador de lo que hoy, en el siglo XXI, consideramos uno de los grandes enemigos del ser humano, la burocracia. Al intentar organizar racionalmente el Estado, se hizo necesario mucho personal al servicio de esta organización jerarquizada del entorno administrativo. Y la novedad principal de los funcionarios era que todos ellos sin excepción recibían una paga del Estado.

En lo que respecta a la ciudadanía, todos los habitantes de Italia fueron considerados ciudadanos romanos de origen; su ciudadanía excluía cualquier otra, y estaban sometidos exclusivamente al Derecho romano. Antes, por el contrario, cuando se concedía la ciudadanía a un habitante de una ciudad fuera de Italia, este conservaba su nacionalidad anterior. Existía, por decirlo así, la doble ciudadanía, que Augusto eliminó.

LOS MAGISTRADOS

En el ámbito de la justicia, los magistrados tenían poder judicial, y la edad mínima para ser juez fue fijada en veinte años. El Senado poseía la jurisdicción política de los asuntos concernientes a la seguridad del Estado, la jurisdicción sobre los miembros del orden senatorial y la jurisdicción criminal para los asuntos más graves. Augusto asistía siempre personalmente a las sesiones judiciales del Senado; él detentaba la jurisdicción suprema y la ejercía. Recibía en primera instancia la demanda de los litigantes, que estudiaba con sus consejeros.

La base de su poder era un *imperium* proconsular, ya que se ejercía sobre una extensa provincia; encargándose de la administración de las provincias fronterizas, conservaba el mando de casi todo el ejército. La segunda base de su poder, de carácter civil, era la potestad tribunicia, gracias a la cual recuperó el derecho de convocar a las asambleas y al Senado, así como de promulgar edictos. Pero además de todo esto, Augusto era pontífice máximo, y como tal debía asegurar la protección de los dioses.

La creación del nuevo régimen, la ampliación del ejército y la burocracia trajeron consigo nuevos gastos. Augusto mandó hacer un empadronamiento y emprendió las tareas concernientes al catastro, para lo cual dividió el Imperio en cuatro partes, confiando cada una de ellas a un equipo de agrimensores. Mantuvo los impuestos sobre el suelo y el impuesto de aduanas. Añadió el impuesto de sucesión, que consistía en la vigésima parte de la herencia recibida. Amplió a la vigésima parte el impuesto a pagar sobre la cantidad obtenida de la venta de esclavos. Y aumentó el número de monopolios en su favor, entre los cuales destacó el de las minas de Dalmacia (que, junto con el monopolio de las salinas, suponía suculentos ingresos).

Dividió el tesoro en varias Cajas. Una, la del Senado; otra, la del emperador; la tercera, la del ejército, y por último la del patrimonio imperial. Esta, particularmente, se nutría de las rentas de Egipto y de las minas de las provincias. Esta Caja debía servir para cubrir los gastos particulares del emperador.

Augusto fortaleció la jerarquía social persiguiendo un claro objetivo que consistía en lograr la estabilidad. La clase senatorial (la más alta en la escala social) estaba compuesta por los patricios, que eran pocos; la nobleza procedente de la plebe estaba cada vez más mezclada con los patricios. A patricios y a nobles los colocó en el mismo orden, asignándoles los mismos signos distintivos: un censo de un millón de sestercios.

En segundo lugar, estaba el orden ecuestre, en el que estaban incluidos todos los que tenían una fortuna de 400.000 sestercios. En la base de

Esta moneda de oro fue acuñada durante el gobierno de
Augusto (27 a.C. -14 d.C.). Entre las medidas de política
interior adoptadas por Augusto, la más importante fue la
reforma financiera, mediante la cual se normalizó la
diversidad y cuantía de impuestos en perjuicio
de los propietarios de haciendas y en bien del ejército.

35

la jerarquía social estaba la plebe, que abarca a toda la población libre que no pertenece a los órdenes privilegiados. La plebe urbana no trabajaba, y se mantenía al margen de la vida política; vivía de las distribuciones de víveres hechas por el emperador. En Roma llegó a haber 200.000 ciudadanos inscritos para recibir el aceite y el trigo gratuitos, a lo cual se añadía también cierta cantidad de dinero.

La población tendió a aumentar en Roma, pero en cambio disminuyó en las provincias. Las guerras civiles y los destierros disminuyeron el conjunto de la población. Las familias de las que se habían nutrido los cuadros dirigentes de la vida política y administrativa estaban arruinadas, incluso antiguas familias patricias habían desaparecido en su totalidad. En las clases ricas había cada vez menos niños y más solteros, pues cualquier soltero podía rodearse con facilidad de cortesanas.

Augusto tuvo siempre muy claro el principal objetivo de su gobierno: estabilizar la sociedad romana, para lo cual era necesario convencer de dos cosas a los ciudadanos; una, de la necesidad del matrimonio, y dos, de los males de la inmoralidad.

Podemos considerar el periodo de Augusto como un periodo de organización racional del Estado, sometido a una autoridad sin límites. Y en el ámbito del Derecho, como el periodo de madurez de las instituciones. Augusto siempre había querido crear un sistema de poder original, muy distinto al oriental, como reacción frente al poder monárquico de César. Sin embargo, fue el ♦ modelo oriental el que triunfó verdaderamente. Fue en Oriente donde se desarrolló el culto religioso al emperador, elevado a categoría divina más que humana.

Desde el punto de vista económico, y en la medida en que Roma era el corazón del Imperio, el problema fundamental consistía en la explotación del mundo por Roma. Para ello, Roma proporcionó dos elementos esenciales: el personal y el material. Un personal que organizaba y centralizaba la vida económica mediante trabajadores activos en las provincias para obtener todo su valor de los recursos propios del mundo mediterráneo. Todo ello, con el método de organización racional característico de Roma. En cuanto al material, estaba compuesto por la infraestructura económica; es decir, carreteras y acueductos, unidad monetaria y legislativa, y la seguridad de la venta de los productos. Roma reinvertía el dinero que percibía en explotaciones industriales y agrícolas.

La agricultura hizo grandes progresos en todo el Imperio; se ganaron nuevas tierras de cultivo a costa de los bosques, los pantanos y los desiertos. Se emplearon nuevas técnicas y empezó la especialización de los cultivos, como por ejemplo la vid en la Galia, o el olivo en Túnez. Sin embargo, la producción del trigo no resultaba todo lo rentable que se deseaba.

Existían dos grandes tipos de explotaciones agrícolas. En primer lugar, la media y pequeña explotación, cuyo dueño era un habitante de la ciudad. La explotación propiamente dicha corría a cargo de un arrendatario o de un administrador al frente de algunos esclavos. Durante los dos primeros siglos, la agricultura se basaba sobre todo en esta explotación de tipo modesto. Cuando los impuestos y la política local arruinaron este tipo de explotaciones, toda la agricultura del Imperio se debilitó.

El segundo modelo de explotación eran los latifundios, pertenecientes a particulares o al emperador, y que surgieron como resultado de las ganancias de inversiones hechas por los capitalistas romanos. Los latifundios imperiales procedían, en su mayoría, de tierras conquistadas que habían sido transferidas al emperador. Estas tierras estaban vigiladas por funcionarios que las arrendaban a capataces, quienes a su vez las entregaban a los colonos.

Roma creó necesidades a los pueblos de todo el Imperio y supo despertar en ellos el deseo de vivir bien y de enriquecerse. De ahí la tendencia al comercio, favorecida por el desarrollo de las carreteras. La demanda de productos procedentes de otros países desarrolló una red comercial internacional. Las provincias orientales reanudaron el comercio con los indios, suministrando piedras preciosas, telas de algodón y especias. La seda llegaba a Roma traída por caravanas procedentes de China. Del Sudán llegaba oro, marfil y esclavos.

La política económica obedecía a una intención liberal, aunque progresivamente se transformó en una política intervencionista y estatal.

El primer elemento del capitalismo de Estado fue la gran propiedad rural, es decir, los dominios imperiales. Por otra parte, pronto se vio cómo las necesidades fiscales se proyectaron sobre los agricultores y las clases medias, que se arruinaron y abandonaron el campo. En consecuencia, las tierras se quedaron sin cultivo.

Las intervenciones del Estado comenzaron por Italia, que había conocido su apogeo económico en el siglo I, el cual duró muy poco. Impuestos cada vez más pesados hicieron evidente el malestar entre la población, que estaba insatisfecha porque veía alejarse el bienestar efímero de otros tiempos.

EL PROBLEMA DE LA SUCESIÓN

Los logros extraordinarios de paz y estabilidad que consiguió Augusto durante su largo mandato son indiscutibles. Sin embargo, no consiguió resolver el problema más grave que se le presentaba al final de su vida: la sucesión. Se suele decir que el problema sucesorio fue el punto débil del régimen.

Durante toda su vida, Augusto buscó soluciones para lo que ya se vislumbraba un grave escollo en la continuidad del Imperio. Tal vez no tuviera esperanzas en encontrar entre sus descendientes a un soberano capaz de continuar su obra. Pero, precisamente porque sabía que sus adversarios estaban esperando que fracasara en su intento, se empeñó en solucionar el difícil problema de la sucesión. Le ayudó a no desfallecer su propio convencimiento de que la obra iniciada por él no podía terminar sin que alguien le relevara en el trono.

Augusto depositó su esperanza en Julia, su hija, a quien podría casar con su sobrino Claudio Marcelo, o bien con Vipsanio Agripa, sin preocuparse lo más mínimo de los graves conflictos que esta decisión podría generar en el seno de su propia familia. Pero fueron razones más allá de la capacidad de maniobra humana las que cambiaron estos planes de Augusto: razones de salud en el caso de Marcelo, el hijo enfermizo de Octavia, la hermana del emperador; y la muerte temprana en el caso de Agripa, su más fiel colaborador.

Los hijos que tuvo Julia con Agripa iban creciendo. Y Augusto los introdujo en el Senado, al tiempo que los presentó oficialmente como herederos del trono, sin prestar ninguna atención a su hijastro Tiberio, quien por esta razón sintió rencor toda su vida contra el emperador. Pero una vez más la fortuna dio la espalda a los planes de Augusto, quien vio cómo la muerte implacable le robaba a sus dos nietos. Tuvo, pues, que mandar llamar a Tiberio desde su lugar de exilio, en Rodas, donde este se había refugiado voluntariamente.

Era evidente que Augusto no tenía simpatía por Tiberio, pero no le quedaba más remedio que compartir el gobierno con él, e ir preparando el camino de la sucesión. En realidad era Druso, hermano menor de Tiberio, quien iba a

Moneda de bronce con el rostro de Agripa (63 a.C.-12 a.C.) en el anverso. En el reverso puede observarse la S de *Senatus* y C de *Consultus* . En el centro está Neptuno sosteniendo el tridente con su mano izquierda. Agripa fue gran amigo y aliado de Augusto. Se casó con Julia, la hija de este, y era heredero al trono, pero falleció inesperadamente.

ser elegido; pero la súbita muerte de Druso en Germania obligó al emperador a alterar sus planes. Tiberio tuvo que adoptar al joven Germánico, hijo mayor de Druso, a fin de asegurar la sucesión a un descendiente de su propia sangre, puesto que Germánico estaba casado con Agripina, nieta de Augusto. De este modo, sus descendientes directos llegarían por fin al trono en la cuarta generación.

Augusto murió en el año 14 d.C., convencido de que dejaba a sus herederos un Estado floreciente. A pesar de sus debilidades, el llamado *principado* tenía como cimientos la plena consagración del soberano a la causa pública, al Estado. El ejemplo del fundador creó un compromiso para todos sus sucesores, que llevaron el nombre de Augusto entre sus títulos. Esto lo convertía, inevitablemente, en un modelo a imitar.

Así pues, a lo largo de la historia del Imperio romano encontramos que nueve de entre los dieciséis emperadores que se sucedieron desde Augusto hasta Cómodo llegaron regularmente al poder (Tiberio, Calígula, Nerón, Tito, Domiciano, Trajano, Antonino, Marco Aurelio, Cómodo), entre los cuales tres eran los propios hijos de un emperador (Tito, Domiciano y Cómodo), y cinco hijos adoptados oficialmente (Tiberio, Nerón, Trajano, Antonino y Marco Aurelio); el noveno, Calígula, fue colocado por Tiberio en el mismo plano que su nieto Tiberio Gemelo. La herencia, natural o ficticia, era el punto común que explica el advenimiento de más de la mitad de los emperadores del principado. Solo Galba,

Otón, Vitelio, Vespasiano y Nerva llegaron al poder irregularmente, a causa de desórdenes. Es evidente que el principado tendía a ser hereditario pese a las apariencias republicanas de sus comienzos. El poder de uno solo es siempre de tendencia monárquica y hereditaria.

3

Tiberio,
el sucesor de Augusto

Tiberio no olvidó jamás que su elección como sucesor de Augusto fue debida a que no había nadie más que pudiera ocupar su lugar. Esto lo convirtió en un ser frustrado, rudo y arrogante. Creció sabiendo no solo que era hijastro de Augusto, sino que era tratado despectivamente como hijastro; es decir, como hijo de Livia, pero no del emperador. Miembro de la aristocrática familia Claudia por parte de su padre, y miembro de la familia Julia por parte de su padre adoptivo, Tiberio inició el linaje de emperadores conocido bajo el nombre de dinastía julio-claudia, cuando había cumplido ya cincuenta y siete años de edad.

Durante toda su vida había permanecido en la sombra. Y la sombra le siguió acompañando al comienzo de su mandato. Livia, su propia madre, había preferido a su hermano menor, Druso. Cuando Augusto acogió por testamento a su esposa

Livia en la familia Julia, le confirió el título de Augusta. De este modo, la anciana madre podía dar rienda suelta a su ambición de poder e inmiscuirse en la gestión de gobierno de su hijo. Este no tuvo más remedio que contar con ella y respetarla.

Tiberio continuó la política prudente de Augusto, tanto en la paz como en la guerra. Vigiló para que las provincias fuesen gobernadas con eficacia, y aprovechaba la muerte de algún viejo rey para tomar su territorio como provincia romana. Sin embargo, el emperador se sintió fatigado muy pronto y notó cómo le faltaban las fuerzas para liderar su Imperio. Decidió entonces dejar la carga del gobierno sobre un ayudante, que en términos actuales equivaldría a un primer ministro. Y eligió a Lucio Sejano, jefe de la guardia pretoriana.

Sejano convenció a Tiberio de que sus hombres se mantuvieran concentrados en un campamento cercano a Roma, lo cual quizá ocultaba planes de estar más cerca del poder. Sejano demostró, efectivamente, su habilidad para controlar la voluntad de Tiberio y convertirse en imprescindible para el emperador, cada vez más cansado de las tareas de gobierno.

Si Tiberio albergó la esperanza de que su hijo Druso, o incluso Germánico, le sucedieran en el poder, tal esperanza quedó frustrada ante la repentina muerte de su hijo a la edad de treinta y ocho años, y de Germánico, a los treinta y cuatro. Agripina, esposa de Germánico, no tardó en hacer correr rumores de que Tiberio había envenenado a Germánico, por quien nunca mostró simpatía. Pero es que el resentimiento pareció ser lo único que fue capaz de mostrar Tiberio durante toda su vida. Solo así se explica el cambio brusco de actitud que tuvo el emperador hacia su hombre de confianza, Sejano.

Temeroso de la ambiciosa Agripina, Sejano había alimentado rumores contra la viuda de Germánico. Y tales rumores pronto se volvieron en contra de su propio autor, hasta el punto de que Tiberio, que había dejado en manos de Sejano los asuntos de Estado, dejó de confiar en él y lo mandó ejecutar desde Capri, la isla en la que había establecido su residencia al final de su vida.

El reinado de Tiberio estuvo caracterizado por la inactividad y el inmovilismo. Parece como si la historia se hubiese detenido durante los veintitrés años de gobierno de Tiberio. Su mal humor y su insatisfacción con el destino ensombrecieron esta época y tuvieron efectos negativos para las personas que lo rodeaban. Y si bien es injusto comparar a Tiberio con su antecesor Augusto, es evidente que un hombre que asume el poder con resentimiento y poco aprecio hacia su pueblo difícilmente dirigirá el Estado con la misma eficacia que quien se sabe querido y respetado.

4

Calígula,
el emperador de las "botitas"

Al morir Tiberio se planteó de nuevo el problema de la sucesión. El único que quedaba como posible sucesor era Cayo Julio César, hijo menor de Germánico y de Agripina. Nacido en Germania, mientras sus padres estaban en un campamento, el joven Cayo César pasó sus primeros años entre los legionarios que se mostraban encantados de tener entre ellos a un niño vestido con uniforme de soldado y con pequeñas botas militares. Tal era su entusiasmo, que lo apodaron Calígula, diminutivo del nombre *caligae* con que eran conocidas las botas militares.

Por ser hijo de Germánico, a quien los soldados siempre admiraron, este pequeño Calígula gozó de la simpatía y el aprecio de todos. Subió. al trono cuando solo tenía veintitrés años de edad. Por fin un rostro amable, pensaron quienes aún recordaban la tristeza en el rostro de Tiberio.

Con la muerte de su padre Germánico, Cayo César sufrió la pérdida del hogar, pues Tiberio había mandado al destierro a su madre. Tuvo una juventud sin amigos ni alegrías y aprendió muy precozmente a ocultar el odio que le inspiró quedarse huérfano.

Nombrado sucesor de Tiberio, Calígula pronunció un discurso ante el Senado prometiendo templanza y moderación en su mandato. Todos los desterrados políticos pudieron volver a la patria, los delatores fueron perseguidos, volvieron a abrirse las puertas del teatro y del circo que habían sido cerradas por un Tiberio amargado, se redujeron los impuestos y se condonaron las deudas.

Todo parecía indicar que Roma estaba viviendo una época dorada. Sin embargo, su afición al lujo que aprendió a disfrutar siendo muy joven debido a que al perder a sus padres fue criado en la corte imperial, precipitó a Calígula hacia un camino sin retorno. Gastó alegremente en un año lo que Augusto y Tiberio habían ahorrado durante setenta años de gobierno.

Y el resultado de sus excesos se tradujo en una grave enfermedad de la que nunca se recuperó. Mezcla de megalomanía y desvergüenza, Calígula mostró a partir del año 27 un desequilibrio delirante difícil de describir. Empezó a sentirse obsesionado por acumular dinero, sin importarle los procedimientos para conseguirlo. Y su primera víctima fue Tolomeo, rey de

Mauritania, a quien mandó llamar y ejecutar. De este modo pudo confiscar el tesoro mauritano.

Pero los excesos de Calígula iban en aumento, y la capacidad para llenar las arcas que él dejaba vacías era cada vez menor. Por ello, las clases pudientes temieron por sus riquezas y se fueron apartando de él. Con su comportamiento alocado perdió el respeto de la guardia pretoriana, quien finalmente conspiró contra él cuando esperaba que todos lo adorasen como ser divino.

Era costumbre en Roma divinizar el nombre del emperador después de su muerte. Pero Calígula quiso merecer trato divino en vida. Quería convertirse en un rey-dios, y que los ciudadanos lo adorasen como esclavos. Pero estas pretensiones tuvieron pronta respuesta, y Calígula cayó asesinado un 24 de enero del año 41 a manos de Casio Querea, oficial de la guardia pretoriana.

No había cumplido aún sus treinta años.

5

Claudio,
el emperador tímido

Ante el asesinato de Calígula el Senado se frotó las manos, pues albergó la esperanza de restaurar la República a la vista del peligro que suponía estar sujetos a las órdenes de un emperador demente en cuyas manos estaba la vida de los ciudadanos. Pero esta esperanza duró muy poco. Los senadores no habían caído en la cuenta de que no eran ellos, sino los pretorianos quienes tenían en su mano el poder de mantener o de eliminar a un emperador.

La guardia pretoriana, en efecto, eligió a Claudio como sucesor de Calígula. Medio escondido tras las cortinas de palacio, el hombre aparentemente débil y enfermizo se vio obligado a aceptar su elección y ocupó el trono por petición de los pretorianos, justo después de que éstos asesinaran a Calígula. Con aspecto poco agraciado y una timidez patológica, Claudio siempre había sido dejado de lado y pasado inadvertido a los ojos ajenos.

Sin embargo, se propuso continuar la política de expansión iniciada por Tiberio, y con ello el Imperio Romano siguió creciendo a un ritmo veloz, sobre todo hacia el territorio de Britania. En una campaña que duró pocas semanas, el ejército romano ocupó posiciones firmes en la isla, en la cual se creó una nueva provincia con una guarnición de cuatro legiones. Hubo un momento en que el imperio romano tenía abiertos muchos frentes, pero finalmente logró sus objetivos. Mauritania fue incorporada como provincia romana, tras una derrota aplastante de los moros; Licia, en Asia Menor, pasó a formar parte también del nuevo territorio romano, así como Tracia, al norte del mar Egeo. También Judea fue incorporada al Imperio, y confiada a un gobernador de rango ecuestre.

Es digna de elogio la capacidad que mostraron los romanos para eliminar barreras entre vencedores y vencidos y crear las bases necesarias para la extensión del Imperio mediante una generosa política de concesión de ciudadanía. Esta medida fue especialmente impulsada por Claudio, así como la reestructuración de la carrera senatorial y la carrera administrativa ecuestre.

En cuanto a la plebe, siguió recibiendo el reparto gratuito de cereales, que el gobierno se aseguraba de que se realizara puntualmente, para lo cual mandó ampliar Ostia, el puerto de Roma. El pueblo parecía, pues, satisfecho con su emperador y con sus muestras de generosidad.

Detalle del cuadro *Un emperador romano*, 41 d.C.
de sir Lawrence Alma-Tadema (1836-1912), pintor
neerlandés neoclacisista de la época victoriana conocido por
sus cuadros inspirados en el munod antiguo.

Sin embargo, los asuntos internos en la vida de Claudio no marchaban igual de bien. Su debilidad de carácter fue aprovechado por las mujeres que lo rodearon, en especial su tercera mujer, Mesalina, madre de Británico. Tal era la maldad de Mesalina que su nombre ha quedado inmortalizado en la historia como equivalente de manipulación, corrupción y deslealtad. Durante los catorce años que duró el reinado de Claudio fueron asesinados más romanos que en toda la época de Tiberio. Mesalina se excedió de tal modo, que ni siquiera su débil esposo pudo seguir pasando por alto el escándalo. Un día ordenó a su liberto Narciso matar a Mesalina, para evitar que esta hiciera realidad su sueño: ver a todos los romanos arrastrándose a sus pies.

Pero Claudio cayó después en manos de una mujer todavía peor que la anterior. Se casó con Agripina, su sobrina y hermana de Calígula, a pesar de que el derecho romano no reconocía el matrimonio entre parientes tan próximos. Agripina, quien desde el primer día quiso gobernar como una verdadera Augusta, tenía una ambición desmedida que la llevó a convencer a Claudio para que adoptase a Nerón, hijo del primer matrimonio de Agripina. Los consejeros del emperador alertaron al incauto esposo, haciéndole ver que con ello perjudicaba a su propio hijo Británico, más joven que Nerón. Cuando Claudio quiso reaccionar, ya era tarde. Su propio médico lo envenenó, cumpliendo órdenes de Agripina.

Claudio murió después de que su esposa ya hubiera conseguido que la guardia pretoriana eligiese a Nerón como sucesor en el trono. Si los soldados decían que sí, el Senado no estaba en condiciones de decir que no. Así que Nerón, a los quince años de edad, y casado con Octavia (hija de Claudio) iba a ser nombrado emperador antes de cumplir los dieciséis.

Optima mater, la mejor madre, este fue el santo y seña que el nuevo príncipe dio a los pretorianos cuando subió al trono en el año 54. Agripina vio cumplido su sueño: ver reinar a su hijo predilecto.

6

Nerón

Con la ayuda de Séneca, filósofo estoico a quien Agripina mandó llamar para que educase a Nerón, el joven emperador dio muestras evidentes de su talento y de su capacidad retórica. Discursos brillantes y actuaciones gloriosas convencieron a todos de que la capital del mundo estaba en manos de un espléndido emperador.

Durante los primeros cinco años de su gobierno, Nerón siguió los consejos de Burro, su prefecto del pretorio, en cuyas manos dejó la dirección de los asuntos de gobierno; y de Séneca, a quien debía su aprendizaje en el arte de la retórica. Ante el Senado, Nerón prometió gobernar respetando el criterio de los senadores y se comprometió a aplicar una justicia imparcial.

Pero la juventud es soberbia y fácilmente pierde la noción de la medida y la prudencia.

Cualidades ambas que, muy pronto, se echaron en falta en las excentricidades cometidas por Nerón. En cuanto el joven emperador saboreó el placer que le producía ser obedecido por todos, sintió que él estaba por encima de la humanidad. Y para asegurarse de que esto era así eliminó a quien pudiera impedirlo. Hizo envenenar a Británico (su hermano adoptivo), se divorció de su joven esposa Octavia, y mandó ejecutar a su madre, quien empezaba a dar muestras de querer dominarlo a él como lo había hecho anteriormente con Claudio. La tiró al mar, pero Agripina se salvó porque sabía nadar. Así que Nerón, para evitar el escándalo que supondría el rumor de que su intento había fracasado pidió ayuda a Séneca, quien accedió de mala gana a maquinar la muerte de Agripina. Y con su apesadumbrado gesto firmó su condena. Séneca sabía que, a partir de ese instante el emperador se libraría de él en cualquier momento. A la opinión pública se le hizo creer que Agripina se había suicidado al haber sido descubierto su intento de asesinar a su propio hijo. Y aunque nadie creyó esta versión, a Nerón le importó muy poco.

Nerón descubrió muy pronto cuál era su verdadera afición. El arte, por encima de todo. Poseía una hermosa voz, pintaba, esculpía, componía versos y tocaba la lira. Ansiaba los aplausos del público, y amaba la belleza sobre todas las cosas. Las mujeres apasionadas eran su debilidad, y por eso disfrutó de los favores de Acte, su liberta, y luego de Popea, su gran amor. Popea Sabina era una dama de la sociedad romana, esposa del gobernador Otón a quien enviaron a Lusitania para evitar molestias entre el emperador y su hermosa amante. Pero Popea no se conformó con el simple papel de amante, y le pidió a Nerón que la convirtiese en su esposa.

Los excesos que Nerón cometía en su vida privada no impidieron que sus primeros años de gobierno transcurrieran en paz y armonía en Italia. En realidad, el mando estaba en manos de Tigelino, que se ocupaba con eficacia de los negocios del Imperio. El joven príncipe mostraba interés únicamente por su carrera de artista y por complacer los caprichos de quienes alimentaban su vanidad. Se presentaba en público a concursos de citaristas, y en todos ellos naturalmente ganaba el primer premio. Dedicó toda su vida al canto, y dicen que durante el incendio de Roma él estaba declamando los versos de Virgilio sobre la caída de Troya. El incendio de Roma provocó en Nerón una furiosa reacción, que no cesó hasta no encontrar culpables. En los cristianos halló el emperador víctimas apropiadas para aplacar su ira. Mandó apresar a unos cuantos cristianos, que fueron obligados a confesar su implicación en el incendio. Esta fue, parece ser, la primera persecución de los cristianos en el Imperio romano.

La segunda persecución fue contra los ricos senadores, cuyas fortunas anhelaba el joven emperador para poder seguir dilapidando en fiestas y diversiones sin límite. Acusados de atentar contra su vida, algunos senadores fueron condenados a muerte; sus riquezas, por consiguiente,

Busto de Popea Sabina. Ella era esposa del gobernador Otón a quien Nerón envió a Lusitania para reunirse libremente con su hermosa amante. Pero Popea no se conformó con ser solo eso y le pidió a Nerón que la convirtiese en su esposa

pasaban a engrosar las arcas privadas de Nerón. Ni siquiera los templos se libraron de la codicia del joven príncipe, obsesionado por acumular tesoros y obras de arte. Ante tal ambición la guardia pretoriana reaccionó maquinando una conspiración liderada por Cayo Calpurnio Pisón, la cual, sin embargo, se frustró la noche anterior de cometerse el ataque al emperador debido a la denuncia de un liberto, que no pudo soportar el remordimiento de su conciencia, y lo denunció a tiempo. Todos los conspiradores fueron condenados y ejecutados. Entre ellos estaba Lucano, sobrino de Séneca.

La situación no era, pues, muy halagadora para el joven príncipe, quien veía cómo su ciudad se incendiaba y cómo sus propios oficiales le traicionaban. Pero en lugar de caer en el desánimo, se volcó más que nunca en el canto y en la poesía; y se marchó a Grecia en un viaje artístico para participar en los juegos olímpicos de Delfos como cantante y como citarista. Nerón se tomaba el arte muy en serio, y antes de salir a escena sufría ataques de pánico como todo artista indeciso. Como muestra de su agradecimiento al país helénico por haberle acogido con tanto respeto y admiración, Nerón convocó a los griegos al istmo de Corinto, y allí mismo concedió la libertad e independencia a la provincia de Acaya, eximiéndola de pagar tributo a Roma. Inició la construcción del canal a través del istmo de Corinto, una obra muy útil para evitar la larga circunnavegación del cabo Maleo, reduciendo así las distancias del intenso tráfico marítimo entre Asia e Italia.

La larga ausencia de Nerón de Roma y los desórdenes en las provincias contribuyeron a que aumentase el descontento en la capital del Imperio. Entretanto, surgió una crisis en Judea. Entre los judíos, había cierta inquietud por el gobierno de los Herodes y de los procuradores. Los judíos tenían claras sus posturas religiosas y no estaban dispuestos a admitir imposiciones de culto al emperador ni a cualquier otro símbolo del Imperio romano. Por esta férrea actitud empezaron a ganarse la antipatía entre los distintos pueblos, quienes no veían en las imágenes y estandartes otra cosa que un simple signo del poder imperial. Los griegos, principalmente, vieron con malos ojos la actitud de los judíos, quienes rechazaban cualquier otra creencia que no fuera la suya.

Los celotes, facción judía de extremistas antirromanos, provocaron graves disturbios sin que Herodes pudiera evitarlo, a pesar de su manifiesta popularidad entre los judíos. Herodes no era propiamente judío, sino idumeo. Sin embargo, hizo todo lo posible por ganarse el respeto y buen nombre entre los judíos, quienes lo aceptaron como a un hermano. Pero la rebelión judía iba en aumento, y cogió a los romanos por sorpresa. Las tropas que en aquel momento estaban en su lugar correspondiente no pudieron controlar la situación, y Nerón tuvo que enviar tres legiones bajo el mando de Vespasiano, quien logró solo en parte dominar la insurrección de

La muerte de Séneca de Jacques-Louis David.
Nerón ordenó la muerte de su maestro con el pretexto de que
se había coludido con Pisón en un complot para asesinarlo.

los judíos, pues éstos luchaban hasta la muerte.
Dos años después, Vespasiano abandonó Judea
para regresar a Roma, y envió en su lugar a su
hijo Tito para que continuase su tarea de controlar a los judíos. En septiembre del año 70, Tito
tomó Jerusalén y el Templo fue destruido. El
regreso del vencedor a Roma fue celebrado con
boato, y como testimonio de su victoria queda el
arco de Tito en Roma levantado en su honor. Los
judíos quedaron, pues, en una situación de
devastación anímica y material. Su Templo destruido, su sacerdocio abolido y una legión per-
manentemente establecida en su territorio.

Mientras tanto, en Italia, en la Galia y en
Hispania se sucedían los desórdenes y subleva-
ciones sin control. Nerón recibió la noticia de la
rebelión de la Galia en Nápoles, durante el
regreso de su gira artística por Grecia, y no le

dio mayor importancia. Pero pronto supo que los gobernadores de Hispania (Otón en Lusitania y Galba en Carthago Nova) se habían pasado al bando del enemigo, Vindex, descendiente de una familia de príncipes de Aquitania. La sublevación de Vindex no tenía motivos de ideología republicana, sino que estaba dirigida contra la persona del emperador y en particular contra su despilfarro, cuyas consecuencias se dejaban sentir en una presión fiscal insoportable. No obstante, tal sublevación se vio interrumpida por acontecimientos imprevistos. Al frente de un gran ejército, Vindex fue al encuentro de las legiones de la Germania superior que habían permanecido fieles a Nerón. En un principio, los jefes de ambos ejércitos acordaron unirse contra el emperador romano; sin embargo, a la hora de la verdad los germanos no respetaron tal pacto y atacaron a las tropas galas, causando en ellas una aniquilicación de miles de soldados. Vindex, que no quiso sobrevivir a la muerte de sus compatriotas, se arrojó sobre su espada.

Las legiones de Hispania nombraron emperador a su comandante, Servio Sulpicio Galba, a quien convencieron de que Nerón los había abandonado para dedicarse a sus recitales de poesía. Al enterarse, Nerón sintió miedo y lo dio todo por perdido; se escondió en una villa aislada al norte de Roma, donde sus libertos guiaron su mano cuando se clavó un puñal en la garganta. Murió a los treinta y un años, dejando para la posteridad su famosa última frase: "¡Qué gran artista pierde el mundo!".

Nerón fue el último emperador descendiente de Augusto. A partir de Julio César, la dinastía julio-claudia dominó en Roma durante más de un siglo y dio un dictador y cinco emperadores. Con la muerte de Nerón no desapareció el nombre de emperador, a pesar de que sus sucesores fueron simples soldados elegidos por el ejército, sin gota de sangre imperial en sus venas; pero todos ellos adoptaron los títulos de César y Augusto. Posteriormente, el término adoptado en Alemania y en Rusia para designar a su líder contenía en su etimología la referencia a César. Así, "kaiser" y "zar" derivan, respectivamente, del latín *Caesar*.

La muerte de Nerón liberó a las fuerzas en conflicto, pero sin clarificar los opuestos frentes. De un lado estaban los conservadores, senadores y caballeros más influyentes, sus clientes y libertos; de otro, el pueblo llano, la gente que no tenía nada que perder. Y por encima de todas las cosas, los romanos comprendieron la gravedad de la situación al ver que un simple soldado podía llegar a ser emperador, simplemente por haber sido elegido por su ejército. La falta de una política definida y la poca cohesión entre los propios soldados debilitaron la confianza en el nuevo general-emperador, que tenía la avanzada edad de setenta años. Su primera medida despertó recelo entre los oficiales, que esperaban todo tipo de gratificaciones de su general elevado a la categoría de máximo jefe del imperio. Sin embargo, el anciano Galba se propuso ahorrar a costa de sus benefactores, la guardia pretoriana. Y esta política de ahorro le costó la vida. Marco Salvio Otón, uno de los oficiales que había servido a las órdenes de Galba, provocó una rebelión entre la guardia pretoriana, que ya estaba encolerizada por no haber recibido la gratificación que esperaba. Sin que nadie moviera un dedo para apoyar al anciano Galba, a los siete meses de reinado este vio el fin de sus días. Y asumió el poder Otón, aceptado por el Senado. Este nuevo emperador duró solo tres meses, pues en Germania se sucedían acontecimientos que alteraron el curso político previsto por el joven Otón, quien había puesto su confianza en el pueblo romano. Pero en las fronteras, otro general estaba dispuesto a apoderarse del Imperio.

Aulo Vitelio, antiguo partidario de Nerón, aprovechó el desconcierto de Otón para levantarse contra el soberano de Roma. Al frente de las legiones de Germania, Vitelio vio una buena oportunidad para entrar en Italia y hacerse con las riquezas y botín de las ciudades. Avanzó con decisión contra Otón, y en cuestión de días las legiones proclamaron emperador a Vitelio, el cual, a pesar del apoyo recibido de los caballeros, reinó solamente cinco meses. Las legiones de Oriente, desde Dalmacia hasta Egipto y desde Siria hasta Palestina, no habían pronunciado todavía su última palabra. Descontentas porque todos los honores recaían siempre en las tropas del Rin, estas legiones se pusieron de acuerdo para nombrar un candidato al trono que pensara en ellos. Y el candidato idóneo fue Tito Flavio Vespasiano, quien además tenía dos hijos que aseguraban la sucesión sin hostilidades.

El año 69, año de los cuatro emperadores, ha quedado en el recuerdo como el periodo menos estable del Imperio romano. Con Vespasiano empieza la dinastía Flavia, con sus dos hijos Tito y Domiciano.

7

La religión

La religión romana, tomada de los etruscos, era fundamentalmente agrícola y sus cultos estaban destinados a asegurar la fertilidad del suelo y buenas cosechas. Los romanos tenían también cultos alrededor del hogar, pero sin duda eran las divinidades agrícolas las predominantes en Roma. Cuando Roma entra en contacto con Grecia, sus dioses se fusionan con los griegos y adoptan nombres romanos para dioses originariamente griegos. Así, Zeus es llamado Júpiter en la religión romana; Palas Atenea es llamada Minerva; Afrodita recibe el nombre de Venus, y así sucesivamente.

El epicureísmo

Con el tiempo, los ritos religiosos dejan de satisfacer las necesidades de respuesta que buscan los humanos en el culto a sus dioses. Con el cambio cultural originado por el contacto con la sociedad griega, los romanos ya no piden a sus dioses solamente una buena cosecha, sino que necesitan hallar respuesta a sus necesidades intelectuales y al funcionamiento del universo. La filosofía, cuya cuna estaba en Grecia, trataba de ofrecer respuestas a las incógnitas de la existencia humana. La filosofía de Epicuro entró de manera progresiva en los círculos intelectuales romanos, y pronto se extendió la teoría de que el hombre puede escoger entre vivir una vida de placer o una vida de dolor. Los placeres del espíritu, la satisfacción que produce el conocimiento y la importancia de saber disfrutar de la amistad se presentaban como placeres importantes en la vida humana. Y Epicuro defendía que estos placeres estaban por encima de los placeres del cuerpo. Tal vez con menos refinamiento que en Grecia, el epicureísmo se extendió fácilmente en Roma; aunque su enfoque epicúreo de la vida era ligeramente distinto que el propuesto por su fundador. Los romanos eran, sin duda, más terrenales que los griegos. Buscaban algo así como la satisfacción inmediata de los placeres que les ofrecía la vida. Buen ejemplo de epicúreo romano fue Petronio, gran amante del lujo como refleja su obra *Satiricón*. En ella, Petronio se burla del lujo tosco y de mal gusto; y critica a los

Epicuro dejó a su muerte más de 300 manuscritos. A pesar de ello, de sus escritos sólo se han conservado tres cartas y algunos fragmentos breves. Las principales fuentes sobre sus doctrinas son las obras de los escritores romanos Cicerón, Séneca, Plutarco y Lucrecio.

ricos sin cultura que no conocen más utilidad del dinero que la de gastarlo. Conocido en Roma por su exquisitez y buen gusto, Petronio llegó a convertirse en compañero de juergas del emperador Nerón. Tal es así, que fue llamado *arbiter elegantiarum*, es decir, juez en buen gusto y estilo. Pero igual que en una época supo satisfacer los caprichos de Nerón, en otra se convirtió en su enemigo más perseguido. Y cuando sospechó que los sicarios del emperador lo buscaban, Petronio se suicidó antes de darle gusto al emperador más caprichoso que conoció Roma.

El estoicismo

Además del epicureísmo, otra corriente filosófica fue ganando terreno y adeptos. El estoicismo, fundado por Zenón en Atenas. El nombre de estoicismo le fue dado porque las enseñanzas tenían lugar en un lugar de la plaza del mercado que estaba adornado por un pórtico con pinturas de escenas de la guerra de Troya. *Stoa poikile*, el pórtico pintado, dio finalmente nombre a esta nueva corriente filosófica que predicaba el control de las emociones más allá del placer y del dolor para evitar convertirnos en esclavos de nuestros propios sentimientos. Si no deseamos nada, no temeremos perder nada. He aquí, más o menos, la doctrina estoica: una vida rígidamente ajustada a un severo código moral, libre de las alteraciones propias que suelen provocar las emociones. Séneca fue el estoico más importante de Roma, y a pesar de sus intentos de hacer de Nerón un emperador estoico, fracasó estrepitosamente porque dio con la persona menos indicada para seguir un código moral estricto y severo.

Junto con las escuelas filosóficas, llegaron a Roma otro tipo de cultos relacionados con religiones procedentes de Oriente. Eran los misterios de Asia Menor, que sedujeron a los romanos por su peculiar forma de entender la vida tras la muerte. El culto de Cibeles se convirtió en el más popular de Roma, así como el de Mitra, procedente de Persia, que representaba el Sol.

EL CRISTIANISMO

En Judea había surgido la nueva religión del judaísmo, que se expandió hacia todas las ciudades del Imperio. Y de no haber sido porque exigía el abandono de cualquier otro culto, el judaísmo se habría extendido mucho más. Pero era una religión exclusivista, y no admitía que sus miembros participasen en el culto imperial romano. Esto no significa, sin embargo, que fuese una religión monolítica, pues había sectas dentro del judaísmo. Una de esas sectas fue la creada por los discípulos de Jesús. El mensaje de que llegaría un Mesías Hijo de Dios para juzgar a los hombres caló muy hondo entre quienes buscaban una religión satisfactoria para poner en orden su desconcierto espiritual. Los cristianos, llamados así por el nombre de Cristo

El primer culto establecido en Roma fue el de Cibeles,
La Gran Madre, originario de Frigia e introducido en
la religión del estado en el 204 a.C. Es representada
sobre un carro tirado por dos leones,
pues es también la protectora de los animales salvajes.

que en griego significa "El Ungido", al principio siguieron siendo judíos en sus rituales y ganaron muchos adeptos entre los judíos.

Pero algunos rechazaban la idea de honrar a un Mesías que había muerto y dejado la nación esclavizada. Buscaban una religión que les ofreciera un Mesías vivo y capaz de liberarlos del yugo de Roma. Esta fue una de las razones de la rebelión contra Roma. En ella no participaron los cristianos, ya que su mensaje principal iba en contra de la violencia y predicaba todo lo contrario; es decir, el deber de ofrecer la otra mejilla al enemigo. Esta actitud de los cristianos naturalmente los hizo impopulares entre los judíos, quienes ya nunca más creyeron en la llegada de Jesús como el Mesías.

Gracias al fervor y el trabajo ímprobo de un solo hombre, el cristianismo dio un giro radical en su historia. Ese hombre fue Pablo de Tarso, un judío nacido en la costa meridional de Asia Menor, hijo de ciudadano romano. Ortodoxo en sus creencias, Pablo de Tarso reaccionó al principio en contra del cristianismo, religión que consideró blasfema en su contenido y en sus ritos. Organizó un viaje a Damasco, dispuesto a dirigir un movimiento anticristiano; y en el camino se le apareció Jesús (según cuenta la Biblia). A partir de entonces fue un apasionado cristiano, que empezó a predicar la nueva religión como la única verdadera.

En un momento en que entraban en Roma cultos procedentes de Oriente, el cristianismo aprovechó un poco de cada uno de esos cultos místéricos y logró desbancar a todos ellos con un éxito sin precedentes. El cristianismo, liderado por Pablo de Tarso, se presentó como la religión que poseía lo mejor de todos los cultos y lo más adecuado de todas las corrientes filosóficas. Se presentaba, en definitiva, como la garantía de paz y felicidad para el ser humano. Libre del ritual estricto y complejo del judaísmo, el cristianismo ofrecía una visión más flexible en sus ceremonias. Y lejos de competir con el mitraísmo, su principal rival, tomó de él lo mejor que tenía: el culto al sol y la regeneración de la vida cada 25 de diciembre. Esta fecha fue astutamente aprovechada por los cristianos para defender el nacimiento de su líder. De este modo, la victoria del cristianismo sobre el mitraísmo era solo cuestión de tiempo. En cuanto a la veracidad de que Jesús naciera el 25 de diciembre no tiene gran importancia, ya que en cuestión de fechas la Biblia ha demostrado una enorme generosidad. Lo cierto es que en pleno siglo XXI se sigue celebrando el nacimiento del Mesías el mismo día que por entonces algunos otros celebraban el culto al sol y veneraban a Mitra como su dios.

Si bien es cierto que toda religión necesita un arduo trabajo de publicidad y de proselitismo hasta ganarse un hueco en el complejo mercado de religiones, el cristianismo tuvo una oportunidad de oro gracias al incendio que arrasó la ciudad de Roma, en tiempos de Nerón. Para evitar que el pueblo acusara al emperador de haber provocado tal incendio, Nerón se adelantó acusando a los cristianos. La persecución de la que éstos fueron víctimas, y la piedad que despertó en muchos el número de mártires que la sufrieron, favoreció el crecimiento del cristianismo entre quienes antes lo rechazaban.

LA ORGANIZACIÓN DE LA SOCIEDAD

CIUDADANOS

HONESTIORES (ricos):

ORDEN SENATORIAL: poseían un millón de sestercios, y tenían los privilegios de ejercer las magistraturas republicanas.

ORDEN ECUESTRE: poseían 400.000 sestercios, constituían la nobleza.

HUMILIORES (pobres):

CLIENTES: reciben distribución gratuita de víveres.

NO CIUDADANOS

LIBERTOS

ESCLAVOS

8

Vespasiano, el emperador prudente

Tito Flavio Vespasiano, general prudente y querido por sus soldados, fue elegido emperador a los sesenta años de edad. Procedente de una familia de clase media de Reate, el país de los sabinos, Vespasiano tuvo siempre conciencia de ser el continuador de la obra de Augusto.

Le esperaba una misión difícil, que abordó con una medida inicial destinada a reorganizar el ejército. Consciente de que las tropas en las fronteras estaban formadas por soldados no italianos, Vespasiano vio la desventaja que suponía un ejército compuesto por hombres que no se identificaban con los mismos sentimientos patrióticos. Sabía que no podía conseguir llenar las filas con soldados italianos, y que tenía que contar con los galos, panonios y tracios, pero se propuso un objetivo claro: la guardia pretoriana estacionada en Italia debía estar formada exclusivamente por soldados italianos; y al frente de ella puso a su propio hijo, Tito.

A pesar de su actitud sobria y de ahorro, Vespasiano emprendió algunas obras públicas para embellecer la ciudad, dar empleo a algunos ciudadanos y elevar la moral de todos los romanos. Aunque tenía ante sí un complicado panorama, Vespasiano se propuso restaurar el respeto por las armas romanas, que Nerón contribuyó a que hubieran caído en descrédito. Sin haber concluido todavía la guerra contra los rebeldes judíos, y reinando una gran agitación a orillas del Rin, donde los dacios y sármatas asolaban las provincias romanas limítrofes, el emperador tomó una importante decisión. Confió la dirección de la guerra judaica a su hijo mayor Tito, quien conquistó Judea, y más tarde Jerusalén. Judea fue convertida en provincia pretoria autónoma y en ella se estableció una legión como fuerza de ocupación.

Los demás focos de agitación que se habían levantado a orillas del Rin fueron rápidamente extinguidos. Y la máxima preocupación de Vespasiano era, de momento, reducir el exhaustivo número de hombres que conformaban el ejército repartido en cohortes y tribus de miles y miles de soldados. No había sueldo para tantos hombres. De manera que se hacía necesario prescindir de gastos que asfixiaban el tesoro del Estado. Ajustar los gastos a los medios disponibles y administrar el Estado con los recursos existentes fueron dos medidas que llevó a cabo Vespasiano con una precisión

Fragmento de *La destrucción del templo de Jerusalen*, de Francesco Hayez. Galería de Arte moderna, Venecia.

digna de elogio. Sin embargo, no entraba nuevo dinero en las arcas vaciadas por el despilfarro de Nerón. Así que como primera medida, exigió el pago de impuestos que con su generosidad de artista Nerón había perdonado a Grecia. Todos sus esfuerzos eran pocos para llenar el tesoro imperial, y recurrió a medidas a veces criticadas por su propio hijo. Al exigir Vespasiano que se pagara dinero por utilizar las letrinas públicas, Tito se manifestó en desacuerdo con esta medida. Entonces su padre, acercándose una moneda a la nariz, contestó: *pecunia non olet* ("el dinero no huele").

Una vez saneadas las finanzas del Estado, renovó el Senado y el orden ecuestre. Integró un buen número de familias plebeyas en la clase de los patricios y concedió el título de nobleza a muchos ciudadanos, con el fin de que sus fieles partidarios pudieran acceder al Senado. Reorganizó la estructura de la administración aumentando el número de puestos, con objeto de estimular la promoción social.

Bajo su reinado se incorporó Comagene, anexionado a Siria. Armenia menor quedó integrada en Capadocia, y las dos Cilicias formaron una sola provincia. Las masas de tropas que habían luchado fueron integradas en la vida civil según el modelo iniciado por Augusto, mediante la fundación de colonias que sirvieron para favorecer la romanización de amplios territorios.

Después de vencer a los bátavos, la frontera del Rin quedó asegurada con la construcción de fortificaciones a lo largo de todo el río. Se reconstruyeron los grandes acuartelamientos fortificados de Neuss, Bonn, Maguncia, y se ocupó de nuevo el campamento abandonado de Estrasburgo. El . territorio romano fue constantemente ampliado en Britania y en África. Esta eficaz política reforzó la posición de la nueva dinastía en Roma, donde tuvo que hacer frente a una cierta oposición senatorial que se negó a aceptar la autocracia. Vespasiano expulsó de Roma a los filósofos , y no pudo evitar que fuera condenado a muerte Cayo Helvidio Prisco, el portavoz de sus adversarios ante el Senado. A pesar de ello, este emperador mantuvo siempre una actitud de clemencia y de moderación en sus decisiones. Actitud que no estaba reñida con su buen humor, que mostró incluso en sus últimos momentos de vida. Cuando ya vio próximo su final, exclamó: "¡Ay, creo que me estoy convirtiendo en un dios!"; y entonces pidió que le ayudasen a levantarse. "Un emperador, dijo, debe morir de pie".

Diez años de buen gobierno devolvieron el orden y el equilibrio que Nerón dejó sumido en el caos con sus excentricidades.

9

Tito,
el emperador benévolo

Tito fue nombrado por su padre corregente y sucesor desde el comienzo de su reinado. Vencedor en la guerra contra los judíos, Tito se mantuvo siempre al lado de su padre, satisfecho de no tener que soportar exclusivamente sobre sus hombros la pesada carga de los asuntos de gobierno. Al principio, Tito no gozó de muy buena fama entre los ciudadanos, quienes lo consideraban pródigo y excesivamente entregado a los placeres del comer. Sus amores con Berenice, hija del rey Agripa I de Judea, eran criticados en Roma. Tito conoció a esta mujer, mucho mayor que él, en Palestina; y la hizo traer a Roma con intención de convertirla en su esposa, pero no lo consiguió. El caso de Cleopatra aún pervivía en el recuerdo de todos, y nadie estaba dispuesto a aceptar como emperatriz a una princesa judía. Berenice tuvo que regresar a su patria.

El Arco de Tito está situado en la Vía Sacra,
justo al sudeste del Foro en Roma.
Fue construido en honor a las
numerosas victorias de Vespasiano y Tito en Judea.

Con el tiempo, el pueblo descubrió las buenas cualidades de Tito que se mostró como un soberano benévolo y generoso. Su prioridad de cada día era hacer feliz a alguien; si no lo conseguía, se reprochaba haber perdido un día de su vida. Tito fue enemigo de las condenas a muerte, y siempre que pudo evitó que alguien pagara con su vida el delito cometido, por grave que este fuera. Logró que las relaciones con el Senado se basaran en una confianza mutua, y con su hermano Domiciano mantuvo un relación cordial y de respeto. Apenas fue nombrado emperador, Tito eligió a su hermano como compañero y sucesor.

Durante su breve reinado de dos años, Italia sufrió terribles catástrofes naturales. El 24 de agosto del año 79 una gran erupción del Vesubio destruyó las florecientes ciudades de Pompeya, Herculano y Stabia, que quedaron cubiertas por una capa de lava de varios metros de espesor. Plinio el Viejo, prefecto de la flota en Miseno, quiso estudiar el fenómeno *in situ* y pagó con su vida su afán de conocimiento. Un año después se produjo en Roma un incendio gigantesco que redujo a cenizas una gran parte de la ciudad, el campo de Marte, el Capitolio y el Panteón.

En Roma, Tito completó el proyecto iniciado por Vespasiano, el gran anfiteatro conocido hoy como el Coliseo, debido a la gigantesca estatua de Nerón que estaba muy cerca del anfiteatro. Con capacidad para cincuenta mil personas, ofrecía los espectáculos preferidos por los romanos: carreras de carros, combates de gladiadores y luchas con animales.

Durante el gobierno de Tito se terminó de construir
el gran anfiteatro, mejor conocido hoy como Coliseo.
Fotografía: Patricia Calvo.

Fotografía que muestra el interior del Coliseo.
Tenía una capacidad para cincuenta mil espectadores que
acudían para ver las carreras de carros,
las luchas de gladiadores, etc.
Fotografía: Patricia Calvo.

10

Domiciano, el emperador rencoroso

Tito Flavio Domiciano había vivido siempre a la sombra de Tito, a quien su padre prefería. Quizás por eso Domiciano creció con rencor hacia su hermano, y no mostraba simpatía hacia quienes le rodeaban. Hay quien lo compara con Tiberio, por su carácter introvertido. A la muerte de Vespasiano no mejoraron las relaciones con Tito, a pesar de que este hacía lo posible por mantener a su hermano cerca. La consecuencia de que Vespasiano excluyera a su hijo menor de las cuestiones de gobierno fue que, al tomar este el mando, carecía de experiencia. A pesar de ello, Domiciano se propuso superar con éxitos brillantes la fama de sus dos predecesores.

Siendo muchas las cualidades del joven príncipe, que tenía entonces treinta años de edad, sus defectos eclipsaban su espíritu emprendedor y su inteligencia sagaz. Era orgulloso, egoísta, frío, desconfiado y carente de escrúpulos al elegir los medios cuando quería imponer su voluntad. La poca simpatía que despertaba entre el pueblo fue la causa de que la posteridad lo recuerde como un emperador desafortunado e infeliz. Nadie puede negar su empeño y afán por hacer frente a su importante misión de gobernar el Imperio; sin embargo ha pasado a la historia como un emperador frío y rencoroso.

Deberían ser sus hechos los que permitieran hacer un juicio ecuánime de su persona, pero no siempre resulta fácil desligar el carácter personal de la conducta externa. Respetó como su padre y su hermano mayor la concepción que Augusto tenía del principado. No se molestó en fingir respeto hacia el Senado, y eso contribuyó a su fama de cruel y tiránico, pues no ocultaba sus ganas de concentrar todo el poder en sus manos. En los dieciséis años de su gobierno, revistió el consulado diez veces, lo que ningún príncipe se había atrevido a hacer antes. Cada vez que él daba su nombre al año (pues en esto consiste el consulado epónimo), privaba a un miembro del Senado de este alto honor. Celebró tres triunfos sobre los dacios, y se hizo aclamar *imperator* veintidós veces. Se arrogó el título vitalicio de censor, magistratura que le confería el derecho de completar el Senado a su arbitrio y de expulsar a senadores de la curia. He aquí una de las razones del odio que sintió el Senado hacia Domiciano. Se hizo proclamar señor y dios, *dominus et deus*.

Al margen de la poca simpatía con que se recuerde a este emperador, bajo su mandato la administración del Imperio estuvo en buenas manos. Siguiendo el ejemplo de Augusto, se rodeó de un Consejo de Estado cuyos miembros fueron elegidos cuidadosamente. Una de las novedades más significativas de su mandato fue la descentralización, que se producía por vez primera. Creó un puesto reservado a los caballeros, cuya tarea consistía en supervisar los cuarteles de gladiadores de Alejandría, en Egipto, y enviar a Roma luchadores bien preparados. Dada su natural aversión hacia los senadores, Domiciano quiso asegurarse el favor de las masas a base de pan y circo. Y creó los juegos Capitolinos, a imitación de las grandes competiciones olímpicas griegas. Todo ello resultaba costoso para las arcas del Imperio, que vio muy pronto menguadas sus existencias. En consecuencia, el emperador tenía que limitar los gastos y aumentar los ingresos. ¿Cómo? He aquí la cuestión.

Un pueblo acostumbrado a disfrutar de espectáculos gratis y a recibir distribuciones de dinero no podía ver de repente que esta situación cambiaba. Por otro lado, reducir el número de tropas en las fronteras suponía un riesgo, pues la amenaza que se cernía sobre Italia aconsejaba más un refuerzo que una reducción del ejército. Los impuestos eran, sin duda, los únicos que ofrecían la posibilidad de contribuir a aumentar las finanzas. Sin embargo, la protesta ciudadana no se haría esperar. Y pronto el emperador se convertiría en una persona impopular a los ojos de todos. Así que no quedaba más que una vía posible: condenar a senadores, y confiscar sus bienes. La consecuencia a largo plazo no tardaría en llegar. Se multiplicarían los atentados contra la vida del emperador, pero las arcas estarían llenas.

En su política exterior, Domiciano adoptó una actitud prudente. Solo en casos necesarios permitió atacar a los enemigos más peligrosos, y no se propuso incorporar nuevas provincias al Imperio sino consolidar la paz y la estabilidad. Para evitar revueltas militares, acuarteló todas las legiones en campamentos separados en las fronteras, de modo que dos legiones no pudieran unirse contra el emperador. Como consecuencia de este control, el ejército se convirtió en una estructura férrea y sin energía, ante el riesgo de que a cualquier movimiento fuera acusado de atentar contra la vida de su príncipe.

A pesar de las continuas amenazas en las fronteras, Domiciano no se atrevió a enfrentarse a sus múltiples enemigos más allá del Danubio. Sabía que la victoria solo sería posible con una ofensiva de gran alcance, y el emperador no disponía de las tropas necesarias para ello. Dejó esta empresa, sin duda, para sus sucesores (como Trajano, por ejemplo).

Preocupado por la plebe de Roma y por los habitantes de Italia, fracasó en su intento de ganarse la simpatía del Senado, por el que siempre había mostrado desprecio. Se sucedieron varios intentos de conspiración, que Domiciano logró neutralizar con sentencias de muerte y destierros. No ocultó su odio contra los filósofos, quienes en nombre de la moral condenaban su gobierno de terror. Igualmente hostil se mostró contra los judíos y cristianos, y recaudó sin miramientos el tributo de capitación que los judíos estaban obligados a pagar desde la destrucción del Templo de Jerusalén.

Se creó una situación tan tensa y tan violenta, que el emperador ya no confiaba en nadie. Su rigor inexorable le creó nuevos enemigos que pretendían acabar con él a cualquier precio. En el año 96, dos funcionarios de la corte prepararon un complot para poner fin a su vida, y en él incluso participó su esposa. Antes tomaron la precaución de nombrar a un sucesor, Marco Coceyo Nerva, excónsul patricio. Uno de los dos funcionarios entró en el dormitorio del emperador y lo apuñaló a pesar de su resistencia. Con su muerte, llegaba a su fin la dinastía Flavia que dio a Roma tres emperadores.

11

Nerva, el emperador generoso

La elección de Nerva como sucesor del odiado Domiciano supuso la ruptura con la tiranía brutal del último Flavio y el comienzo de una nueva era de libertad de pensamiento. El Senado condenó en una sesión solemne la memoria del asesinado emperador y borró su nombre de todos los monumentos.

Nerva, originario de una familia patricia de Umbría, era senador cuando fue elegido, a los setenta años de edad, para dirigir el Imperio. Los conspiradores que mataron a Domiciano tomaron la precaución de no dejar un vacío que pudiera ser llenado por generales enfrentados unos con otros. Su candidato para ser el nuevo soberano gozaba de respeto en el Senado y había desempeñado cargos de responsabilidad bajo Vespasiano y Tito. Llegó incluso a compartir el consulado con el propio Domiciano.

Denario emitido por Nerva.
Este emperador tomó varias medidas que
sirvieron para reactivar la economía.
Nerva inauguró la dinastía Antonina y la costumbre
de transmitir el poder vía adopción.

Nerva se encontró con el rechazo unánime de los pretorianos, que tanto habían sido mimados por Domiciano porque sabía que se mantenía en el poder gracias a ellos; los pretorianos prometían vengar con sangre la muerte de su señor y benefactor. En cuanto al Senado, Nerva trató de ganarse su simpatía dándole protagonismo en la dirección del Imperio. El Senado es quien realmente gobierna en los asuntos de Estado, decía Nerva con objeto de agradar a los senadores.

Este emperador tomó medidas para revitalizar la economía, organizó un servicio postal controlado por el Estado que supuso una liberación para los propietarios que hasta ahora estaban obligados a prestar sus caballos para los servicios de correos. Creó instituciones de caridad para el cuidado de los niños necesitados y se mostró siempre dispuesto a ayudar y a complacer. Sin duda su medida más importante fue la relacionada con los *alimenta*, institución que fue puesta en marcha definitivamente por Trajano, su sucesor. Esta medida consistía en prestar grandes cantidades de dinero en calidad de primera hipoteca al 12 por 100 sobre terrenos itálicos, con la condición de que con los intereses acumulados cada año debía atenderse la alimentación de niños pobres en Italia.

Pero a pesar de sus intentos de granjearse la simpatía de los pretorianos, Nerva comprendió que el ejército era difícil de contentar. Y sabía que su muerte provocaría grandes desórdenes. Así que pensó en elegir sucesor, dado que no tenía hijos a quienes legar el poder. Buscó a un buen general, que resultó ser Trajano.

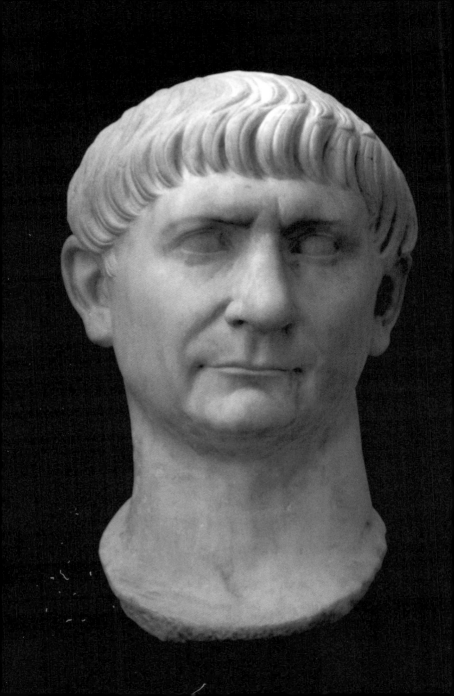

12

Trajano, el emperador ejemplar

Trajano recibió la noticia de la muerte de Nerva cuando estaba terminando las obras de fortificación en las fronteras del Rin y completando la red de calzadas en el norte de Germania para asegurar el paso de las tropas romanas. Cuando volvió a Roma en verano del año 99 fue recibido triunfalmente.

Trajano, nacido en el sur de Hispania, era un soldado nato. En lugar de contentarse con servir el tiempo obligado, permaneció voluntariamente durante muchos años en el servicio de las armas y se distinguió por su responsabilidad y sentido del deber. En Germania sobresalió como un general ejemplar. Los soldados, a los que conocía personalmente y cuidaba como un padre, lo respetaban y amaban, a pesar de que era inflexible y muy estricto. Quienes lo conocieron elogiaban su buen carácter, generosidad, sencillez y cordialidad. Pero de Trajano se destaca, sobre todas las cualidades, su poderosa personalidad, capaz de someter completamente a la guardia pretoriana. Cuando fue nombrado emperador, el primero de origen hispano, todos tuvieron la sensación de haber hallado a un soberano que conduciría a Roma y al Imperio con buena fortuna.

La primera acción de Trajano fue modificar la política exterior. A falta de enemigos, el ejército romano se estaba ablandando. La actitud defensiva que estaba manteniendo Roma desde hacía décadas había tenido como objeto proteger el territorio conquistado y evitar peligros en las fronteras. Trajano se propuso limpiar la vergüenza a la que Domiciano había sometido al Imperio sobornando a los dacios para que no atacaran, a cambio de un subsidio anual que resultaba más barato que continuar la guerra. El Senado, que consideró este soborno como el acto más vergonzoso sufrido por Roma, nada pudo hacer para evitar la actitud tiránica de su emperador. Ahora, Trajano estaba dispuesto a cambiar esta situación.

En primer lugar, puso fin al tributo que pagaba Roma a Decébalo, rey de los dacios. Y avanzó hacia el Danubio. En dos años, el ejército romano venció a los dacios, quienes fueron obligados a aceptar una paz que permitió a los romanos mantener guarniciones en Dacia. A continuación, Trajano preparó su verdadero y definitivo ataque, que acabó con una humillante derrota para su rey Decébalo, que se suicidó.

A la firmeza de su carácter hay que unir las buenas maneras con que Trajano supo tratar al Senado, dándole el protagonismo que otros le habían quitado. Trajano sabía que para la buena marcha del Estado todas sus decisiones debían contar con el apoyo de la clase senatorial. Reorganizó la administración de una forma rigurosa, con el fin de llenar las arcas que Domiciano había dejado completamente exhaustas. Los ingresos obtenidos de su victoria en Dacia le permitieron compensar la ruina en la que estaba el tesoro y pagar debidamente a los soldados y al pueblo de Roma. Ningún emperador fue tan generoso con su pueblo y con su ejército como el emperador Trajano. Y las obras que emprendió para embellecer la capital superaron a todas las que había anteriormente.

La columna de Trajano en Roma, de una altura de treinta y tres metros, construida en piedra y desarrollada en espiral, exigió enormes trabajos de movimientos de tierra y fue de una gran complejidad artística. En ella quiso Trajano inmortalizar distintas escenas de la campaña contra los dacios. Es esta, sin duda, una de las obras que mejor refleja el gusto que tenía el emperador hispano por la majestuosidad. En Ostia hizo construir un nuevo puerto, con el fin de acelerar la descarga de los barcos que transportaban trigo desde el norte de África y Egipto, y así facilitar el abastecimiento de pan a Roma.

Roma no se sintió nunca tan segura y fuerte como en el reinado de Trajano. Y la anexión de Dacia, convertida en provincia romana, fue el primer paso para la sucesiva romanización de colonias por toda la nueva provincia. Lo que antaño fue Dacia es hoy Rumania, o Romania, cuyo nombre recuerda ciertamente a Roma, y su lengua conserva rasgos latinos. En esta lengua románica por excelencia, junto al francés, italiano, portugués, catalán, podemos percibir aún la musicalidad del latín.

Después de resolver los conflictos en la zona del Danubio, Trajano dirigió su atención a Oriente. No olvidaba que Partia seguía siendo el gran enemigo de Roma y el único capaz de presentar batalla con un ejército muy bien preparado. Pero al tiempo en que dirigía su mirada hacia Partia lo hacía también hacia Asiria, Babilonia y Persia. Tenía el frente del Danubio perfectamente vigilado por sus legiones, y no se atrevía a dar el paso definitivo hacia Partia. Pero de pronto vio la ocasión para hacerlo. El rey parto Cosroes había expulsado de Armenia al rey que, hasta entonces, mantenía buenas relaciones con Roma y en su lugar puso a alguien de su agrado. Trajano reaccionó inmediatamente presentándose en el escenario de la guerra y dando comienzo a las operaciones, de acuerdo con un plan bien trazado. Sabía que las distancias en el lugar eran enormes, de manera que creó varias bases seguras a fin de garantizar la llegada de suministros a través de las calzadas. Cuando Cosroes se dio cuenta del error cometido, Trajano ya se había apoderado de Armenia y la había convertido en provincia romana. A continuación, avanzó hacia Ctesifonte, la capital

La columna de Trajano.tiene una altura de treinta y tres metros. Está construida en piedra y desarrollada en espiral. En ella, Trajano quiso inmortalizar distintas escenas de la campaña contra los dacios. En el lado norte de su basamento se enterraron las cenizas del emperador, cuya estatua coronaba el monumento, pero fue sustituida por una imagen de san Pedro en el siglo XVI.
Fotografía: Patricia Calvo

de Partia, la tomó y luego atravesó Mesopotamia hasta llegar al golfo Pérsico. Se apoderó de las principales ciudades de esta región, muchas de las cuales capitularon sin ofrecer resistencia.

Sin embargo, Trajano no se dejó engañar por el júbilo que embargó a los romanos ante tantas victorias. Era consciente de que los partos nos habían sido aún derrotados. De pronto, ocurrió un acontecimiento imprevisto: la insurrección de los judíos en la diáspora de Oriente. Los judíos esperaban desde hacía mucho tiempo una ocasión para vengarse de su derrota del año 70, y se aprovecharon de la salida de las tropas de Chipre, Cirenaica y Egipto para levantarse contra sus odiados opresores, romanos, griegos y egipcios. Esta insurrección cogió a los romanos por sorpresa, quienes además vieron como los partos de Mesopotamia se unieron a los judíos. Las legiones romanas fueron aniquiladas por las tropas judías, que actuaron con odio acumulado durante años.

Trajano tuvo que abandonar rápidamente los territorios conquistados en el año 116 y limitarse a conservar el norte de Mesopotamia, estableciendo las fronteras orientales del Imperio en el río Tigris. Nunca antes el Imperio romano había alcanzado tal extensión. Unidos por 290.000 kilómetros de caminos, el Imperio abarcaba unos 9.000.000 de kilómetros cuadrados, y su número de habitantes ascendía a unos 100.000.000.

Cansado y abatido por estos últimos acontecimientos, Trajano encomendó el mando del ejército y el gobierno de Siria a Adriano, hijo de un primo suyo. Trajano cayó enfermo, y murió. Con su muerte desaparecieron los planes de revancha contra el enemigo, pues Adriano renunció inmediatamente a realizar nuevas conquistas y volvió a la tradicional política romana de paz en Oriente.

13

Adriano,
el emperador enigmático

Publio Elio Adriano es uno de los emperadores más enigmáticos de la historia de
Roma. Su barba, que lo convirtió en el
primer emperador barbado, le daba cierto aspecto de hombre intelectual muy distinto a sus
antecesores. A Adriano le esperaba ciertamente
un papel difícil como sucesor de Trajano, pues
todos consideraron a este último emperador
como el mejor que jamás tuvo Roma. *Felicior
Augusto, melior Trajano*, "más afortunado que
Augusto, mejor que Trajano", es lo que deseaban los romanos a todo sucesor de Trajano al
subir al trono. El Senado había llegado incluso a
otorgarle el título de *optimus* que no hizo jamás
con ningún otro.

Consciente de todo ello, Adriano tomó una
primera medida drástica: renunciar a las conquistas orientales del Imperio. Su propósito era

fortalecer una frontera y mantenerla segura para siempre. La prosperidad del Imperio se llevaría a cabo dentro de esa frontera, que jamás sería traspasada. Lo primero que hizo fue devolver toda la región de Mesopotamia a Partia, y el Éufrates volvió a ser la frontera oriental del Imperio romano, pues resultaba mucho más fácil de defender que el Tigris. Renunció a mantener Armenia como provincia romana, y estaba tentado de hacer lo mismo con Dacia; sin embargo, los miles de colonos romanos que se habían asentado en ese territorio fueron para él razón suficiente para no tomar tal medida.

Adriano, originario de una familia senatorial de la antigua Itálica, en la provincia Bética, era paisano de Trajano. A sus cuarenta años de edad, estaba en el mejor momento de su vida para ser nombrado emperador. Experto en las artes de la guerra, como gobernador familiarizado con la administración, iniciado en los secretos del gobierno por su vida en la corte de su pariente Trajano, el nuevo soberano ofrecía todas las garantías necesarias para desempeñar el alto cargo que le esperaba. Todos elogiaban su extraordinario sentido del deber y su preocupación por mantener la paz. Y sus inquietudes intelectuales y culturales eran reconocidas por todos. Apasionado viajero, quiso conocer de cerca todos los rincones de su extenso Imperio. Oráculos, templos, pirámides, ciudades antiquísimas de Oriente y Occidente, todo lo quiso conocer de cerca. Al cabo de los años, hizo revivir en piedra algunos recuerdos de sus viajes en su espléndida villa de Tívoli.

Igual que Trajano, estando en Asia Adriano · no tenía prisa por volver a Roma. Quiso conocer bien Oriente antes de regresar a la ciudad eterna, y cuando tomó la decisión de renunciar a los territorios más allá del Éufrates lo hizo con plena conciencia. Su decisión encontró opositores, como es natural. Pero Adriano no estaba dispuesto a discutir con generales algo que él había ya decidido como emperador. En cuestión de días, los cuatro generales que por motivos de ambición personal se opusieron a la política de renuncia expansiva que adoptó Adriano fueron condenados a muerte.

El Senado reaccionó con estupor ante tal severidad del emperador. Y no ocultó su disgusto por no haber sido consultado en una situación tan grave. Adriano se disculpó ante el Senado, y prometió que en adelante no condenaría a nadie sin consultar previamente con los senadores. Este suceso, no obstante, dañó su imagen ante los ciudadanos, quienes inmediatamente recibieron sumas de dinero y espectáculos diversos para que olvidaran lo ocurrido. Y como gesto de magnanimidad, Adriano rechazó el título de padre de la patria que le concedió el Senado. Públicamente dijo que le quedaba todavía mucho por hacer en Roma antes de merecer tal título. El nuevo emperador dio muestras indiscutibles de ser un astuto soberano.

Continuó las medidas caritativas de Nerva y Trajano. Hizo aprobar leyes para humanizar el trato a los esclavos, cuyo número en Roma ascendía a 400.000. Y para evitar que la situación económica empeorase, sobre todo en la agricultura, promulgó leyes para impedir que los campesinos se desplazasen y tomó medidas para mantenerlos ligados a un trozo de tierra determinado. Podríamos ver en esta medida un primer paso de lo que en la Edad Media sería la servidumbre.

Aunque Adriano trató al Senado con respeto, lo cierto es que los senadores se sentían cada vez más marginados de las decisiones de Estado. Veían cómo los edictos del emperador empezaban a suplantar el Consejo del Senado. En Roma y en toda Italia, los cónsules y pretores habían ejercido hasta entonces el máximo poder judicial, pero ahora el emperador encomendó la jurisprudencia a un prefecto nombrado por él. Además, el derecho pretorial, que se había desarrollado libremente durante siglos, quedó fijado mediante una codificación, el llamado edicto perpetuo. Este edicto acabó para siempre con cualquier iniciativa creadora que tuvieran los pretores en materia de legislación, ya que creó un nuevo gremio, el Consejo del príncipe, para su asesoramiento en la decisión de cuestiones jurídicas. Y este Consejo no era como el que existió en tiempos de Augusto, quien reunía a sus asesores de vez en cuando, sino que era un órgano permanente cuyos miembros pertenecían en su mayor parte al orden senatorial.

Este tipo de medidas tenían como objeto un mayor control de la administración y una limitación del poder del Senado. Adriano estaba decidido a poner la administración en manos de hombres activos y emprendedores de todas las partes del Imperio, en cuyas fronteras él en persona pasaba revista a las tropas con el fin de asegurar que todo estaba en orden. Viajaba sin descanso, impulsando poderosamente el progreso de las provincias y ciudades de Oriente y Occidente. Ningún emperador hizo tanto por la romanización del Imperio como Adriano. Por encima de todas las ciudades, Atenas era su preferida. Símbolo de cultura y de refinamiento, Atenas debió mucho a la generosidad de Adriano. Delfos, Epidauro y Olimpia volvieron a florecer gracias a su ayuda económica. Tal era su admiración por la cultura griega, que incluso llegó a iniciarse en los misterios de Eleusis. Adriano identificaba la ciudad de Atenas con la edad de oro de la humanidad, y en ella reconocía las obras más geniales que ha construido el ser humano. Atenas fue la ciudad elegida por el emperador para descansar, durante el invierno del año 131, de su largo viaje por todas las provincias de su extenso Imperio. A la satisfacción de haber cumplido el reto de abarcar con sus ojos todo el Imperio se unía la placidez que le proporcionaba tanta belleza de Atenas. Después de un invierno de merecido descanso, regresó a Roma tras una ausencia de cuatro años.

Pero no pudo quedarse mucho tiempo, ya que en Palestina estalló una revuelta provocada por la fundación de la colonia romana Aelia Capitolina en la ciudad santa de Jerusalén. Bajo la dirección de Bar Kochba, los judíos infligie-

Denario romano en donde aparece el busto de Adriano quien fue aventurero y cosmopolita. Recorrió todo el imperio y en muchos lugares se levantaron monumentos en su honor.

ron a los romanos sucesivas derrotas; pero finalmente fueron derrotados por Adriano, que en el año 134 se presentó en el escenario de la guerra y asumió el mando supremo de las tropas romanas. El país quedó destruido. A los supervivientes se les prohibió visitar Jerusalén, y Judea perdió su nombre. En adelante, se llamó Syria Palestina.

De regreso a Roma, Adriano tenía cincuenta y ocho años y ningún heredero. Empezó entonces a pensar en quién podría ser su sucesor. Varios parientes cercanos fueron considerados como posibles candidatos. Pero finalmente su elección recayó en un joven senador, Lucio Ceyonio Cómodo. Decepcionados sus parientes cercanos, quienes vieron como injusta la decisión del emperador, conspiraron contra él. Pero Adriano, implacable como lo había sido ya en el momento de subir al trono, los condenó a muerte sin dudarlo.

Apenas tuvo tiempo Adriano de saborear la satisfacción que le producía cumplir con su deber, pues Lucio Cómodo acababa de fallecer, víctima de su propia salud enfermiza. Tuvo entonces que pensar en otro sucesor, lo cual tuvo que hacer con urgencia porque él mismo sentía la proximidad de su muerte. Y eligió a un excónsul llamado Tito Aurelio Fulvio Boyonio Arrio Antonino, conocido después como Antonino Pío debido a su carácter bondadoso y humanitario.

14

Antonino Pío, emperador apático

Su carácter ecuánime había suscitado la admiración de Adriano, quien lo invitó a formar parte de su Consejo de Estado para tenerlo cerca. Pero muy pronto la ecuanimidad del nuevo emperador dejó paso a un inmovilismo que disgustó a quienes vivían fuera de Italia. Para contrarrestar la gran afición de Adriano por viajar hasta los últimos confines del Imperio, Antonino adoptó una actitud absolutamente contraria. No salió de Italia ni una sola vez; y aunque sus argumentos para justificarlo era que viajar costaba caro y que no estaba bien dejar a Roma sin emperador, los habitantes de las provincias se sintieron abandonados.

Ciertamente durante su reinado no se produjeron grandes incursiones en las fronteras, exceptuando en alguna región de Britania muy cerca de la muralla que Adriano había mandado construir.

Sestercio de Antonino. En el reverso se ve la
personificación de Italia.

Pero los incidentes fueron resueltos fácilmente
por las tropas romanas, quienes vieron debilitado
su espíritu de lucha y mermada su experiencia
bélica debido a la prolongada inactividad.

Antonino gozó de la simpatía del Senado
porque este recuperó el protagonismo que Adriano le había quitado. Complaciente con todos, el
tranquilo emperador se propuso no alterar su
ánimo ni granjearse la antipatía de nadie. Y lo
consiguió. Agradó a la plebe con los tradicionales repartos de dinero, contentó a todos con
numerosas construcciones en Roma y en las
provincias y amplió la red de calzadas en todas
las regiones del Imperio. Y tan pacífica fue su
vida como apacible su muerte, que se produjo en
el momento culminante de la paz romana. Eligió
como sucesor a Marco Aurelio, su yerno; y
también a su propio hermano adoptivo, Lucio

Elio Cómodo, sentando así un precedente nuevo en la historia de Roma. Por primera vez, iban a gobernar el Imperio dos emperadores.

15

Marco Aurelio, emperador filósofo

Marco Aurelio tenía cuarenta años cuando asumió el poder, y aunque Antonino lo mantuvo siempre apartado de los asuntos de Estado debido a su afición por la filosofía que tanto disgustaba a Antonino, Marco Aurelio demostró una madurez excepcional cuando subió al trono. Fue un emperador ejemplar, que hizo realidad el deseo expresado por Platón cinco siglos antes: el mejor rey para una ciudad será un rey filósofo o un filósofo rey. Marco Aurelio fue un filósofo convertido en emperador que aplicó en todas su acciones los principios estoicos llevados a raja tabla. En cuanto a Lucio Elio Cómodo, a quien asignó el sobrenombre de Vero, tuvo desde el principio igual protagonismo y funciones que Marco Aurelio, si bien no ocultó que su verdadera afición eran los placeres mundanos.

Marco Aurelio actuó con serenidad, con sabiduría, con justicia y con templanza para afrontar las terribles convulsiones que se produjeron durante su gobierno. Uno de los grandes problemas que habían quedado sin resolver desde los tiempos de Trajano empezó a dar señales de vida; en el Danubio y en el Éufrates los germanos y los partos volvieron a atacar, convencidos de que el largo periodo de quietud del ejército romano equivalía a una pérdida de fuerza y a pocas ganas de luchar. Pero los hechos demostraron todo lo contrario. Cinco años de lucha acabaron con la victoria romana sobre los partos, y Armenia volvió a ser provincia romana. Vero, que desde su cuartel general de Antioquía en Siria dirigió las operaciones de guerra, volvió a Roma con las tropas transportadas de Occidente, y en el año 166 los dos césares celebraron un espléndido triunfo.

Marco Aurelio consideró que era el momento de arreglar la situación en el Danubio y pasar al ataque, pero algo terrible lo impidió. Los soldados que combatían en Partia se contagiaron de la peste que asoló las regiones de Oriente, y la llevaron con ellos a Roma. Como consecuencia, la población del Imperio fue terriblemente diezmada. Los bárbaros, mientras tanto, preparaban su avance en dirección a Italia. Y una Roma debilitada por los estragos de la peste temblaba ante ese peligro que veían ya muy cerca. Pero el mejor general de Marco Aurelio, Tiberio Claudio Pompeyano, logró derrotar a las hordas de germanos cargadas de botín antes de que pudieran volver a atravesar el Danubio. Después de este susto, los romanos ya no se limitaron a defender la frontera, sino que bloquearon el paso a través de los Alpes para impedir peligros futuros.

En el año 176, Marco Aurelio celebró su triunfo sobre los germanos y nombró corregente a su hijo Cómodo. Al regular la sucesión en favor de un descendiente directo, alteró la costumbre de la adopción practicada desde hacía casi ochenta años. Y a pesar de que no estaba muy convencido de que Cómodo reuniera cualidades para ser nombrado su sucesor, al año siguiente lucharon juntos contra los germanos derrotados en el Danubio, que volvieron a atacar de nuevo. Y antes de celebrar una rotunda victoria, Marco Aurelio murió repentinamente, lo cual obligó a firmar la paz en condiciones favorables para los bárbaros.

Mientras tanto, las finanzas sufrieron un grave deterioro bajo las enormes cargas de las guerras mantenidas en el Éufrates y en el Danubio, lo cual no impidió al emperador seguir haciendo la distribución gratuita de víveres al pueblo, así como seguir ofreciendo espectáculos y costosos juegos. Marco Aurelio tuvo, en definitiva, que hacer esfuerzos para mantener las apariencias de que todo estaba bien organizado y de que las gravosas guerras no influían negativamente sobre la propiedad del Imperio o sobre el bienestar de sus habitantes. Además de un arco de triunfo, se erigió la columna de Marco Aurelio, de 30 metros de altura, cuyos relieves representan los aconteci-

El arco de Marco Aurelio, extremadamente sencillo y nada ostentoso si se compara con los arcosde otros emperadores es fiel reflejo de la cautela y sobriedad económica de su gobierno.

mientos que tuvieron lugar entre los años 171 y 175 en la guerra del Danubio.

Otra fuente muy valiosa para conocer la · personalidad de este emperador filósofo son sus *Meditaciones*, conjunto de reflexiones escritas en griego con el título de *Coloquios consigo mismo*. En este libro el emperador cuenta su lucha interna como hombre y como filósofo para adecuarse a las exigencias de la moral estoica, tan difícil de conseguir para quien tenga como deber principal dirigir un Estado y estar siempre en acción. El principio estoico de "vive y deja vivir" resultaba difícil de respetar para quien tenía la obligación de estar al frente de unas campañas bélicas que no cesaban.

16

Cómodo,
el emperador cruel

La peor desgracia de Marco Aurelio fue tener el hijo que tuvo, Cómodo, a quien designó sucesor en vez de pensar en alguien más capaz y más humano. Tenía diecinueve años cuando Marco Lucio Elio Aurelio Cómodo Antonino subió al poder. Débil y poco amante del trabajo, dejó los asuntos de Estado en manos de sus funcionarios, a quienes mandaba decapitar al primer error que cometieran.

Desde el principio de su mandato no ocultó su afición por las luchas de gladiadores, y él mismo en persona se vanagloriaba de luchar en la arena contra fieras y esclavos. Los asuntos de Estado le aburrían enormemente, y no se preocupó jamás de disimularlo. Se mostraba orgulloso de ser el primero, desde hacía muchos años, en haber nacido entre la púrpura imperial que le predestinó para ser soberano sin rival.

Pero precisamente por eso mostraba públicamente su desdén por el trono.

Naturalmente, fueron muchos los intentos de acabar con su vida por parte de conspiradores y miembros del Senado, a quienes Cómodo odió desde siempre y mandó asesinar sin escrúpulos. Entregado a placeres sin límite, el emperador dejó al final de su reinado las arcas vacías sin que de nada sirvieran las medidas de fuerza que de vez en cuando se adoptaban.

En cuanto a su muerte, que ocurrió a sus treinta y un años de edad, hay quien dice que fue ahogado mientras se bañaba, y hay quien dice que murió combatiendo con un gladiador. En cualquier caso, murió a la misma edad que Nerón. Cómodo fue el último emperador del linaje Antonino. Como sucesor, fue elegido un prefecto llamado Publio Helvio Pertinax, que ya había cumplido sesenta y seis años de edad en el momento de recibir la púrpura. Cansado y viejo para asumir el poder del Imperio, Pertinax se negó a aceptar el nombramiento que le ofrecía la guardia pretoriana. Pero de nada sirvió su negativa. Pertinax fue nombrado emperador, a pesar suyo. Y cuando el nuevo emperador estaba dispuesto a tomar algunas medidas, los pretorianos cambiaron de opinión, como ya habían hecho algunas otras veces con otro emperador. Y lo mataron sin titubear, después de un breve reinado que duró apenas tres meses.

Vacante de nuevo el trono, los pretorianos quisieron mostrar al mundo que quienes tenían el poder de Roma eran ellos, la guardia pretoriana.

Y pusieron el Imperio en venta, por decirlo de alguna manera. Salió en efecto un comprador. Marco Didio Juliano, un rico senador, aceptó la oferta y compró el poder. No sabía que con ello compraba su propia muerte, que sucedió dos meses después, justo cuando otros soldados reclamaron el mismo derecho de comprar un Imperio que estaba en venta. Entre ellos, Septimio Severo, un general que estaba en la frontera del Danubio, hizo una buena oferta para adquirir la púrpura. Y la ganó. Marchó hacia Roma en el año 193, y se ganó inmediatamente la simpatía de la guardia pretoriana.

17

Septimio Severo, el emperador con mano de hierro

Nacido en una familia púnica, Septimio Severo estaba en la cúspide de su carrera política cuando llegó a emperador. Conocido por sus dotes de comandante en los momentos más decisivos, Septimio Severo poseía especiales cualidades para ganarse la confianza de los soldados.

Casado con una princesa siria del antiguo linaje de los príncipes sacerdotales de Emesa, este nuevo emperador era descendiente de colonos fenicios y, por ello, resultaba extraño a las tradiciones romanas. Pero pronto demostró tener muy claro su objetivo, que era asegurar el trono para sí mismo y sus sucesores. Julia Domna, su esposa y madre de sus dos hijos Caracalla y Geta, influyó poderosamente en los destinos del Imperio. Mujer enérgica y de fuerte carácter, Julia Domna aparece mencionada en numerosos textos e inscripciones como mujer inseparable del emperador que mejor consiguió controlar a su ejército. Aumentar la paga a sus soldados y permitir que se casaran mientras prestaban servicio fueron dos medidas difícilmente rechazables. Aumentó las dimensiones del ejército hasta un número de treinta y tres legiones, frente a las veinticinco de la época de Augusto.

Desarmó a la guardia pretoriana ante las puertas de la ciudad y la reemplazó por una de sus propias legiones del Danubio que le habían mostrado lealtad. Antes, sin embargo, advirtió a los pretorianos que se marcharan de Roma y nunca más se acercaran a menos de cien millas de la ciudad; desde entonces, los componentes de la guardia fueron reclutados de todos los ejércitos de las provincias, y no solamente de Italia. Esto ciertamente causó gran preocupación en Roma, pues se veía al ejército como a un enemigo. Pero Severo supo tranquilizar rápidamente a la población, y especialmente al Senado. La mejor manera de demostrar a todos que no estaba equivocado en su actuación fue fortaleciendo sus tropas para el momento decisivo, que estaba próximo por llegar. Derrotar a Partia, el gran enemigo de Roma.

Los partos se habían aprovechado de la ausencia de tropas romanas para irrumpir dentro de las fronteras provinciales. Así que, después de levantar el asedio de Nisibis, Severo mandó construir rápidamente una flota; una parte de las tropas, a bordo de las barcazas, descendió por el Éufrates, mientras que el resto seguía a pie por

ambas orillas. Severo obtuvo una aplastante victoria sobre los partos, que le valió el sobrenombre
de *Parthicus maximus*. A continuación, elevó a su
hijo Caracalla a la categoría de corregente, y a su
hijo más joven Geta lo nombró César.

En lugar de volver inmediatamente a Roma,
la familia imperial pasó los tres años siguientes
en Oriente. Siria, Palestina y Egipto recibieron
su visita. Y regresó a Roma para celebrar sus
diez años de reinado. Pero muy pronto nacieron
en el seno familiar celos que acabaron en trage-
dia. Los dos hermanos, Caracalla y Geta, se acu-
saron mutuamente de intento de asesinato, en el
cual estaba involucrado Cayo Fulvio Plauciano,
hombre de confianza del emperador, quien parece ser que se dejó arrastrar por la ambición de
suplantarle en el trono. Severo tuvo que reaccionar inmediatamente ante este juego malvado, y
condenó a muerte a Plauciano.

Tal situación en el entorno más cercano del
emperador reflejaba el estado deplorable de la
moral que tanto preocupaba al soberano. Decidió
entonces reorganizar los asuntos relacionados con
las leyes y con las finanzas. Su primer cambio se
produjo en el derecho romano, pues consideraba
la justicia como el alma de toda convivencia.
Durante todo el tiempo de su reinado participó
con interés de las disputas jurídicas dentro de su
consejo de Estado, donde dejaban oír su voz
renombrados juristas como Papiniano y Ulpiano,
cuyos comentarios constituyeron la base del derecho romano durante los tres siglos siguientes. La
aportación de Severo al concepto de justicia es

Busto de Julia Domna, esposa de Septimio Severo,
que era una mujer árabe de Siria.
Museo del Louvre, París.

indiscutible. Por ejemplo, propuso interpretar las leyes en un sentido menos estricto y más humanitario, considerar las circunstancias atenuantes y proteger a los más débiles frente a los más fuertes. Todo ello era reflejo de su profundo sentimiento estoico ante la vida. No obstante, el emperador vio cómo en el seno de su propia familia se burlaban los principios que él defendía públicamente. Tampoco sus allegados escaparon a la ambición del poder, y sucumbieron a la tentación de las intrigas más infames.

Pese a todo, sin embargo, hay que reconocer los méritos del emperador por una administración eficaz del Imperio. Modificó la estructura social, orientada a reducir la influencia en el gobierno del Imperio de los aristócratas conservadores hostiles a él, favoreciendo la participación de los militares y del orden ecuestre. Podemos considerar esta medida, en cierto sentido, como un antecedente de lo que haría un siglo más tarde el emperador Diocleciano.

Para prevenir usurpaciones, el emperador dividió enseguida dos de las tres provincias guarnecidas por tres legiones, Siria y Britania. Concedió el anillo de oro de los caballeros a los centuriones veteranos de las legiones, y logró hacer más atrayente las distintas carreras ecuestres mejorando los sueldos. La eficacia de la administración recibió un importante impulso con el nombramiento de oficiales experimentados. La recaudación de impuestos se llevó a cabo en oficinas estatales, que aligeraron las cargas fiscales de los contribuyentes. La inflación, sin embargo, seguía su curso imparable y resultaba difícil mantener el salario para los soldados. Pero Severo seguía a rajatabla su principio inamovible de enriquecer a los soldados y no preocuparse de nada más. Este fue, en efecto, el consejo que dio a sus hijos, pues era en los soldados leales donde veía el emperador la única garantía de un buen gobierno. Los soldados fueron recompensados con trigo, carne, vino, vinagre, aceite y sal. Este pago en especie, llamado *annona*, gravó a las comunidades de la correspondiente provincia de guarnición en forma de impuesto extraordinario, y más tarde como impuesto anual.

Poco a poco, la pertenencia al Senado había dejado de ser un honor para convertirse en una carga de la que todos trataban de evadirse. El orgullo de ser ciudadanos y benefactores de la propia patria iba desapareciendo. El Estado se convirtió en omnipotente, totalitario, y los súbditos tenían que obedecer sin resistencia. Los beneficiarios de los repartos de trigo seguían recibiendo su ración. Pero lo que había sido hasta entonces privilegio del ciudadano de Roma, se convirtió ahora en una dádiva del emperador, que dependía de su arbitraria liberalidad.

Severo fue sin duda más político que general, más inclinado a evitar los peligros que a superarlos, y en sus casi veinte años de gobierno conservó la paz y mantuvo unido el Imperio. Sus reformas consolidaron la autoridad del emperador, una vez disuelta la guardia pretoriana que tantos poderes se había atribuido en los últimos años; pero estos cambios se hicieron a costa de la

nobleza senatorial, que paulatinamente fue perdiendo peso en el equilibrio de fuerzas sobre el
cual descansaba el Estado desde hacía doscientos
años. Y ese equilibrio difícilmente lo recupera-
rían ya sus dos hijos, Caracalla y Geta.

18

Caracalla, el emperador desalmado

arco Aurelio Antonino es conocido con el nombre de Caracalla, por la capa de estilo galo que el emperador introdujo en Roma. Esa capa, llamada *caracallus*, era la predilecta del joven príncipe. Igual que había ocurrido años antes con Calígula, también ahora un soberano era llamado con el nombre de su prenda favorita.

A la muerte de su padre, los dos hermanos Caracalla y Geta le sucedieron como coemperadores, pero la pareja duró muy poco. Se odiaban a muerte, y Caracalla no estaba dispuesto a compartir el poder con un hermano menor a quien detestaba. En cuanto murió su padre, los hijos firmaron la paz con los bárbaros en Britania y regresaron a Roma con su madre. A pesar de los intentos de Julia Domna por reconciliar a sus hijos, no lo consiguió. Y en cambio, presenció cómo Caracalla apuñalaba a su hermano menor mientras este abrazaba a su madre.

Generosos repartos de trigo y de dinero acallaron los rumores en torno a esa muerte, y quienes querían averiguar las causas de tan repentina desaparición fueron perseguidos y condenados a muerte. Entre ellos, Papiniano, el jurista que tan cerca había estado del emperador Severo. Y junto con Papiniano, cayeron veinte mil personas más por orden de un joven soberano, que sobresalió enseguida por su carácter violento, desleal y disoluto.

Su obsesión por gastar fue culminada con la construcción de las termas más espectaculares del mundo antiguo. Las termas de Caracalla, cuyos restos podemos apreciar todavía hoy en Roma, eran de un tamaño colosal. Sus numerosas habitaciones permitían a los usuarios pasar de un baño a otro con temperaturas diferentes. Tenían habitaciones con vapor de agua, habitaciones para hacer ejercicios y otras donde la gente podía recibir masajes. Asimismo, tenía salas de lectura y biblioteca. Los bañistas pasaban horas en las termas, pues estas adquirieron enorme popularidad como lugar de recreo y de descanso.

A fin de mantener las finanzas a flote, Caracalla tuvo una genial idea que resultó eficaz. En el año 212 concedió la ciudadanía a todos los habitantes libres del Imperio, mediante el famoso edicto que lleva su nombre. Esta medida, muy lejos de ser un acto humanitario, formaba parte de la necesidad apremiante de llenar unas arcas que estaban medio vacías. Un medio de

Las termas de Caracalla (Roma) eran de un tamaño colosal.
En sus habitaciones los usuarios podían pasar de un baño a
otro con temperaturas diferentes. Había habitaciones con
vapor de agua, para hacer ejercicios y otras donde la gente
podía recibir masajes.
Fotografía: Patricia Calvo.

llenarlas era aportando dinero procedente de los impuestos que obligatoriamente pagaban los ciudadanos del Imperio.

En asuntos relacionados con los derechos, se fue acentuando la diferencia entre *honestiones* y *humiliores*, es decir, personas de clase superior y ciudadanos humildes. Con esto desaparecía el concepto de igualdad ante la ley, puesto que un ciudadano de clase superior tenía derecho de apelar al emperador, no podía ser torturado y mucho menos ser castigado con penas humillantes, como por ejemplo, el trabajo en las minas. Sobre los ciudadanos humildes recaían los peores castigos y más espantosas torturas. Esta diferencia social tuvo larga vida en los siglos posteriores, ya que los nobles gozaban (en caso de ser condenados a muerte) el privilegio de ser decapitados, frente a los humildes que soportaban innumerables torturas antes de morir.

Caracalla abandonó el gobierno del Imperio en manos de su madre Julia Domna, quien sabía lo poco que le gustaba a su hijo permanecer en Roma. Al año siguiente de conceder la ciudadanía a todos los habitantes del Imperio, se unió a sus soldados en el campo de batalla, que era donde verdaderamente se encontraba a gusto. Después de atacar a los germanos en el Rin y obtener una rápida victoria, se trasladó a Oriente con su madre y con el prefecto del pretorio Opelio Macrino. En el trayecto, Caracalla contaba a su prefecto las similitudes que existían entre el emperador y Alejandro Magno, cuyas victorias -decía Caracalla- serían superadas por él mismo. Al llegar a Egipto, los alejandrinos se burlaron del emperador y de sus manías de querer imitar al gran Alejandro. Caracalla respondió con ira a tan ofensiva burla; desató una masacre entre los alejandrinos en el circo y ordenó construir un muro que atravesara la ciudad. De este modo, sus habitantes quedaron separados entre sí.

Esta acción, junto con otras muestras de cruel violencia que se venían sucediendo en su viaje por Oriente, significó el final para el emperador, que fue apuñalado por un oficial del ejército. Así terminaron sus apenas seis años de gobierno al frente del Imperio.

19

Macrino, el primer emperador del orden ecuestre

Marco Opelio Severo Macrino fue el primer prefecto del pretorio que logró subir al trono. Su falta de formación castrense lo libraba de sospechas ante los ojos de Caracalla, quien nunca lo consideró peligroso. Al morir el emperador, las tropas no dudaron en dar el poder a quien poseía la más alta graduación militar.

Su primera iniciativa fue ganarse la simpatía de los soldados, de quienes esperaba que lo vieran como sucesor de Severo. No tenía interés en luchar en las fronteras, sino que firmó la paz con los partos en condiciones desfavorables para Roma. Procuró mantener buenas relaciones con el Senado, y se marcó como objetivos disciplinar al ejército y limpiar la corrupción en la administración. El ejército reaccionó inmediatamente a la orden de Macrino de que los soldados devolvie-

Moneda de oro acuñada durante el gobierno de Macrino (216 - 217 d.C.), quien siguió una política de austeridad durante el año que duró su gobierno.

ran los regalos y el dinero que Caracalla les había dado inmerecidamente. Un año fue el tiempo que duró este emperador, el primero surgido del orden ecuestre. Sus intenciones de limpiar los vicios de los soldados no tuvieron éxito. Mientras tanto, dos jóvenes sobrinas de Julia Domna pensaron en sus respectivos hijos para subir al poder. Uno de ellos, un joven de dieciséis años de gran belleza, era sacerdote en el templo del Sol. Y así es como ha pasado a la historia, con el nombre de Heliogábalo, en cuya etimología luce inequívocamente la referencia al sol.

20

Heliogábalo, el emperador excéntrico

Tres mujeres llamadas Julia adquirieron por vez primera un protagonismo singular en la historia del Imperio romano. Julia Maesa (hermana de Julia Domna) y sus dos hijas, Julia Semis y Julia Mamea, fueron las artífices del ascenso al poder de Heliogábalo, el emperador más extravagante y colorista que ha tenido Roma.

Las princesas residían en Siria, y allí rendía culto al sol uno de sus hijos, llamado Basiano. Julia Domna, que había aprendido lo importante que es la astucia y el dinero para convencer a los soldados, difundió el rumor de que Basiano era hijo de Caracalla, y merecía ser nombrado emperador por su calidad de sacerdote en el templo del sol. A cambio de dinero, las tropas aceptaron la propuesta de Julia Domna. Y así subió al poder el siguiente emperador, que a pesar de

Moneda de oro que presenta la imagen de Julia Maesa.
Museo Británico, Londres.

adoptar el nombre de Marco Aurelio Antonino fue conocido siempre como Heliogábalo. Baal era el nombre del dios sirio.

Excéntrico y afeminado, entregado a los placeres y poco consciente de sus obligaciones, Heliogábalo abandonó el gobierno en manos de las mujeres de la casa imperial. A pesar de la energía y buenas intenciones de las tres Julias, el Imperio estaba sin mando. Heliogábalo intentó imponer el culto de su dios a toda la población, y él mismo cometió la barbaridad de casarse con una vestal. Excentricidades todas ellas que desgastaron un Imperio que estaba llegando a su fin.

Heliogábalo adoptó a su primo, cuatro años más joven, el cual despertó las simpatías del pueblo por su carácter afable. Ello provocó una reacción de celos en el emperador, quien a pesar de sus intentos de apartarlo de la vista pública, lo ascendió al rango de césar en el año 221, con el nombre de Marco Aurelio Alejandro. Ya era demasiado tarde cuando Heliogábalo se arrepintió de haber ascendido a su primo, mucho más capaz que él mismo para gobernar el Imperio. Al año siguiente, la guardia pretoriana asesinó a Heliogábalo y a su madre, y proclamó emperador a Alejandro.

21

Alejandro Severo, emperador inexperto

Con el nombre de Marco Aurelio Alejandro Severo, el nuevo soberano quiso honrar la memoria de dos buenos emperadores, pero él estaba muy lejos de parecerse a ninguno de los dos. Era, simplemente, un joven de diecisiete años dominado por su abuela y por su madre. La abuela murió al poco tiempo, y la madre Julia Mamea quedó al frente del poder de Roma. La primera y mejor decisión que tomó esta mujer fue recurrir a los juristas Ulpiano y Paulo, quienes recuperaron los principios de equidad y humanidad para un Imperio que estaba moralmente destruido.

A continuación, se crearon unidades de soldados al servicio de las fronteras, establecidos en ellas junto con sus familias, para defender con el arado y las armas los campos de cultivo romanos en las parcelas adjudicadas por suerte. Su intervención personal quedaba garantizada gracias a este nuevo sistema de protección de la frontera, ya que la vida y el bienestar de sus familiares dependían de su capacidad de resistencia. Pero entonces ocurrió algo inesperado.

En el año 224, el último soberano parto murió en una batalla cerca de Ctesifonte. El vencedor Ardashir, nieto de Sasán, heredó su trono. Así que el lugar del eterno enemigo de Roma era ocupado ahora por una gran potencia ambiciosa y poderosa, cuyos gobernantes, conocidos como sasánidas, reavivaron las reivindicaciones de sus predecesores sobre todo el Próximo Oriente y Europa. Entusiastas adeptos de la religión de Zaratustra, los nuevos grandes reyes iban a convertirse en peligrosos enemigos de Roma. El líder Ardashir era gobernante de la provincia de Fars, en el golfo pérsico, que después fue llamada Persis, y de ahí deriva el nombre con el que hasta ahora hemos denominado a Persia (hoy, Irán).

En lugar de Partia, surgió ahora el nuevo imperio persa, cuya primera acción fue invadir las provincias orientales del Imperio romano. Alejandro Severo se vio, pues, obligado a viajar al Este y conducir sus ejércitos contra los persas. En su ausencia, los germanos habían atravesado el Rin, obligando a Alejandro a dirigirse hacia el Norte. Atravesó el Rin sobre un puente de barcazas, pero en lugar de atacar a los germanos les ofreció grandes sumas de dinero para mantener la paz. Esta acción disgustó enormemente al ejército romano, quien reprochó a su emperador seguir ciegamente las decisiones de su madre. Madre e hijo murieron asesinados por la espada de los soldados.

El gobierno de Alejandro Severo fue el último en el que hubo un intento de mantener un gobierno civil. Pero fue en vano. A su muerte, se impuso la dominación militar. Desde el año 180 al 235 gobernaron nueve emperadores, y con excepción de Septimio Severo todos murieron asesinados. La aristocracia romana quedó casi exterminada. La pérdida de poder y la renuncia a participar en la vida pública de las clases dominantes permitieron ocupar su lugar a una nueva clase, la de los jefes militares. Los militares crearon y derrocaron desde entonces a los emperadores, que procedían de las filas del ejército y dependían de su fidelidad. Estos nuevos soberanos ni habían nacido en Roma ni fueron elevados al trono en la Urbe, de modo que defendían la existencia del Imperio en las fronteras bien fortificadas, pero sus objetivos políticos no tenían como meta Roma. A partir de esta época, Roma empezó a perder su posición como centro del Imperio. La decadencia era inevitable.

22

Maximino,
el primer emperador soldado

Después de eliminar a Alejandro Severo, los soldados subieron al trono a Cayo Julio Vero Maximino, el primer emperador soldado. Tras su primera victoria sobre los germanos, Maximino necesitó dinero con el que financiar la guerra, y para ello no tuvo escrúpulos en saquear municipios o apoderarse de los tesoros de los templos. A los tres años de gobierno de este emperador soldado, se produjeron insurrecciones en varias partes del Imperio. Y de pronto un octogenario llamado Marco Antonio Gordiano, procónsul de África, fue nombrado emperador. En los años sucesivos, innumerables enfrentamientos, traiciones y suicidios reflejaban la situación de deterioro en que vivía el Imperio romano, que durante esos años vio subir y bajar del trono a emperadores que duraban apenas dos meses.

En la parte oriental, la ascensión al trono de Sapor I de Persia cambió totalmente la situación. El nuevo Gran Rey tenía la intención de extender su imperio hacia Occidente y de restaurar el predominio aqueménida sobre Asia Menor. Las tropas romanas lucharon con cierto éxito, al mando de quien por entonces ocupaba el trono romano, un tal Filipo, conocido como Filipo el Árabe porque había nacido en la provincia de Arabia. Lo más notable del gobierno de Filipo fue que el día 21 de abril del año 247 se celebraban los mil años de existencia de Roma. Este acontecimiento fue festejado con juegos solemnes y diversiones públicas que duraron tres días y tres noches. Pero los festejos duraron poco tiempo, ya que por todas partes había tropas en rebelión. Filipo envió a su oficial Decio para mantener el orden. Y los soldados lo saludaron como el nuevo emperador. Antes de que este pudiera rechazar el nombramiento, se enteró de que Filipo acababa de morir en batalla, en el norte de Italia. Así que Decio fue el nuevo emperador.

En el año 250 se hizo obligatorio el culto al emperador, consistente en un simple murmullo de palabras que repetían una fórmula determinada. Quien se resistiera a repetir dicha fórmula se exponía a ser ejecutado. Entre ellos, naturalmente los cristianos rechazaban este tipo de ritos. Y fueron obligados a esconderse bajo tierra, en las famosas catacumbas, para poder celebrar sus propios ritos.

Busto del emperador
Decio, elegido por los
soldados en la frontera
del Rin y reconocido
por el Senado al entrar
en Roma, tras derrotar
a su predecesor. Murió
en el campo de
batalla en una
campaña en Oriente.

EL IMPERIO ACOSADO: LOS GODOS

En los tiempos de Decio apareció un enemigo nuevo, los godos. Eran un pueblo germánico que posiblemente ocupaba la zona de la
actual Suecia. Los godos invadieron Dacia, y
expulsaron a los romanos de sus territorios.
Atravesaron el Danubio, y sembraron el terror y
la muerte por donde pasaban. Aunque Decio se
enfrentó a ellos, su lucha fue en vano. Murió en
la batalla. Tomó el mando un subordinado de
Decio, llamado Galo, quien trató de comprar la
paz a los godos a cambio de dinero, pero no lo
consiguió. Los godos llegaron hasta Grecia y
Asia Menor. Y saquearon la propia ciudad de
Atenas. Mientras Galo hacía frente a los godos,
los germanos penetraron por el norte de Italia.

Moneda de bronces con la imagen
del rey persa Sapor I (215 -272 d.C.).

Una confederación de tribus germánicas, que se
dieron el nombre de francos (hombres libres),
cruzaron el Rin en el año 256, atravesaron la
Galia y llegaron a España. El Imperio romano se
veía amenazado por todas partes.

Galo murió en combate, y fue sucedido por
Valeriano, quien a su vez nombró coemperador a
su propio hijo Galieno. Ambos juntaron sus fuerzas para hacer frente a tanta invasión enemiga, y
apenas pudieron resistir. Valeriano se dirigió
inmediatamente al este para proteger las provincias de Siria atacadas por los persas, quienes lo
apresaron de forma ignominiosa. Valeriano fue
mantenido en cautiverio por el resto de su vida. Y
Galieno siguió al frente del poder, con una política
de tolerancia que tenía ya muy poco que ofrecer.

Mientras tanto, el rey persa Sapor seguía
avanzando por Asia Menor. El Imperio romano

se estaba derrumbando y desintegrando, con el balance final de un emperador cautivo de los persas, y el otro, Galieno, recién abatido en combate. Sin embargo, en Siria, a unos 240 kilómetros de Antioquía, había una ciudad que traería el último rayo de luz sobre el imperio agonizante. Palmira, la ciudad de las palmeras, había sido ciudad romana en tiempos de Vespasiano. Ahora, estaba gobernada por Odenato, un distinguido senador nativo. Odenato se inclinó por Roma en este momento tan decisivo, pues creyó que Roma ya estaba muy debilitada para poder disputarle su hegemonía en el futuro, mientras que Persia era un enemigo peligroso. Así que Odenato luchó contra Persia, evitando el derrumbamiento definitivo de los romanos. Pero al cabo de poco tiempo también Odenato fue asesinado. Su esposa Zenobia tomó el mando. Tal fue la energía de esta valiente princesa, que pronto llegó a dominar Siria, y de ahí se dirigió a Egipto y Asia Menor.

Un Imperio fragmentado, medio arruinado y exhausto, recibió con entusiasmo la llegada de emperadores nuevos, procedentes de Iliria. Claudio fue el primero de ellos, quien tuvo que hacer frente a las incursiones de los godos y el éxito de sus victoria le valió el sobrenombre de Gothicus. Fue el único emperador en mucho tiempo que murió en su lecho, de muerte natural. Antes de morir hizo algo muy importante para el Imperio romano, nombrar como sucesor a Aureliano.

23

Aureliano, emperador tenaz

Lucio Domicio Aureliano, oficial ilirio durante el reinado de Galieno y de Claudio, reconquistó en tres años el territorio romano que tan fragmentado quedó a finales del siglo III. Su hazaña resulta sorprendente, si uno piensa en los años que necesitaron Alejandro Magno y Julio César para avanzar en sus conquistas. Aureliano lo tuvo ciertamente difícil, pero confió en su seguridad de alcanzar el objetivo marcado, que era recuperar la unidad del Imperio romano.

Los germanos atacaban sin tregua, y Aureliano tuvo que amurallar la ciudad de Roma. Esta medida refleja el debilitamiento de las fuerzas romanas, que nunca antes necesitaron murallas. Zenobia, en Oriente, veía como inevitable la derrota de los romanos ante la amenaza de los bárbaros; firmó una alianza con los persas y

Moneda de Aureliano, donde el emperador aparece vestido
de soldado. Lleva la corona solar sobre la cabeza
(una corona con los rayos del sol) y en el reverso se lee la
leyenda de Orines Augustus (Nuevo emperador).
La figura sostiene una esfera.

nombró emperador a su propio hijo Vabalato.
Pero Zenobia desconocía el ánimo imbatible del
soberano romano, que no abandonó la lucha ni
un instante. En Umbría, consiguió derrotar a los
godos y llegó a un acuerdo favorable a Roma. Y
a continuación, dirigió sus tropas contra Zenobia. Avanzó a través de Asia Menor, conquistó
Antioquía y derrotó a los habitantes de Palmira,
que tuvieron que capitular. Zenobia rehusó
negociar con Aureliano, y emprendió la huida;
sin embargo, fue capturada por soldados romanos junto al Éufrates. El emperador la hizo
juzgar, pero le perdonó la vida y la condujo a
Roma junto con su hijo. La entrada de Aureliano
en Roma fue celebrada con un magnífico
triunfo, entre gritos que aclamaban al emperador
como el restaurador del mundo. Entre Aureliano

y Claudio II, efectivamente, habían conseguido recuperar el este y el oeste.

Su larga estancia en Oriente hizo que Aureliano se familiarizara con las costumbres persas; por ejemplo, fue el primer emperador que se ciñó la diadema, vistió ropas bordadas en oro y con piedras preciosas incrustadas en su túnica. Mandó inscribir en las monedas las palabras *dominus et deus*, señor y dios, lo cual supuso el paso definitivo hacia el Dominado del Bajo Imperio.

Aureliano administró las finanzas acertadamente. La corte gastaba poco, ya que el soberano vivía con la sencillez de un soldado (si excluimos los hilos de oro que adornaban sus túnicas). Y las arcas estaban llenas gracias al botín obtenido en Oriente. Siguió con la tradición de abastecer a la población, pero cambió el trigo por pan, aceite, sal y carne de cerdo.

En el ámbito de la religión, Aureliano fue siempre fiel adorador del Sol. *Sol Invictus*, el sol invencible, ocupó un lugar preferente en un templo construido para su adoración, y que fue consagrado el día 25 de diciembre del año 274, fecha que se celebró desde entonces como la del nacimiento del Sol.

Decidido a enfrentarse a los persas y restaurar las antiguas fronteras, Aureliano inició su último viaje al este. Cayó víctima de la crueldad de unos cuantos soldados que siguieron con la indómita costumbre de asesinar a su emperador.

24

Tácito y Probo

Nadie esperaba tan dramático final para el emperador que tantos beneficios había reportado al Imperio. Su muerte sorprendió a las tropas, que no tenían un sucesor a mano. Encomendaron al Senado la tarea de nombrar emperador, elección que recayó finalmente en el senador de rango más antiguo, Marco Claudio Tácito, de setenta y cinco años de edad. Por mucho que se propusiera hacer este hombre de avanzada edad, los pocos meses que duró en el poder le permitieron simplemente controlar las tribus germánicas que amenazaban en las fronteras. Al frente de las tropas romanas estaba Marco Aurelio Probo, hijo de un centurión, y que luchó valientemente contra los bárbaros. A la muerte de Tácito le sucedió en el poder, que ejerció con mano dura y eficacia. Después de cinco años de campañas, la paz parecía asegurada y llegó incluso a pensar en dirigirse hacia Persia. No dejaba que los soldados estuvieran inactivos, de modo que distribuyó entre ellos tareas diversas: la construcción de calzadas, la plantación de viñas y desecamiento de zonas pantanosas. Algunos de los soldados aceptaron de mala gana la orden de limpiar los canales de Egipto para una mejor provisión de cereales. La limpieza de los canales no era, verdaderamente, lo que más les apetecía a ciertos soldados. Y mataron a Probo, mientras este inspeccionaba un terreno en el que plantar viñedos.

Después de Probo ascendió al trono Marco Aurelio Caro, quien mostró un absoluto desprecio al Senado al no esperar a que este aprobara su elección. Caro nombró inmediatamente como sucesores a sus dos hijos, Marco Aurelio Carino y Numeriano. El primero recibió el encargo de proteger la Galia, y el segundo se dirigió hacia Persia acompañado de su padre. En Persia logró grandes éxitos este emperador, que se apoderó de la capital, Ctesifonte. Muerto al año siguiente, asumieron el poder sus dos hijos. Se firmó la paz en Persia, y el ejército romano regresó a Roma. Pero los dos hijos de Marco Aurelio Probo no corrieron mejor suerte que su padre, y acabaron trágicamente sus días.

El principado que nació de la mano de Augusto estaba definitivamente agotado. La pretensión de dominar el mundo, el *orbis terrarum*, objetivo soñado por todos los grandes dominadores de Occidente desde los tiempos de Alejandro Magno, movió a emperadores como Nerón,

Moneda de bronce con el busto de Marco Aurelio Caro,
sucesor de Probo. Caro una vez en el gobierno mostró un
absoluto desprecio al Senado al no esperar a que éste
aprobara su elección. Inmediatamente después,
nombró como sucesores a sus dos hijos,
Marco Aurelio Carino y Numeriano.

Trajano o Caracalla, impidiendo que Roma llegara a un acuerdo con los partos y luego con los persas. Estas luchas incesantes entre las dos únicas potencias de la época contribuyeron a debilitar a ambos Estados y a impedir su pleno desarrollo. No obstante, la parte oriental del Imperio sufrió menos que la occidental, ya que entre las diversas guerras había en oriente intervalos de paz. Aunque la confrontación entre romanos y partos hubiera podido solucionarse mediante un arreglo, las incursiones bárbaras hubieran sido siempre una dura prueba para el ejército romano.

En el interior de Roma se produjo una situación fluctuante igual que en su política exterior. Hasta la época de Trajano la curva seguía una trayectoria ascendente; la *pax romana* se mantuvo casi ininterrumpidamente en todas las provincias, y el aliciente de promoción social mantenía en activo la participación de todos. Durante el reinado de Trajano y de sus sucesores, el Imperio alcanzó la edad de oro. La época de los Antoninos fue la que añoraban los romanos cuando veían el rumbo incierto que tomaba el Imperio a un ritmo vertiginoso. Con los Severos empezó la decadencia, excepto en África. Roma iba perdiendo protagonismo porque los emperadores ya no podían establecer la corte en la capital, puesto que tenían que recorrer el Imperio de un extremo a otro para defender sus fronteras. Y durante el mandato de Caracalla, la concesión de la ciudadanía romana a todos los habitantes libres del Imperio constituyó un primer golpe importante al predominio de la ciudad de Roma.

La ausencia de los emperadores que estaban de campaña durante largas temporadas, el éxodo de las clases pudientes, que se retiraron a sus fincas en el campo; la reducción de los efectivos que constituían la guarnición de Roma, cuyos soldados pretorianos seguían al soberano en calidad de guardia personal, redujeron a Roma a la simple categoría de una ciudad más entre muchas otras. La idea del Imperio romano no se identificaba ya con sus murallas, sino con la persona individual del emperador que cada vez se atribuía caprichosamente más poderes. Hacía falta, pues, que un hombre enérgico y con ideas nuevas subiera al trono de Roma. Este hombre llegó. Y se llamaba Diocleciano.

25

Diocleciano,
restaurador de la autoridad

ayo Aurelio Valerio Diocleciano, jefe de la guardia imperial, fue nombrado emperador tras la muerte de Caro, asesinado a manos de los soldados como venía siendo habitual desde hacía muchos años. Diocleciano se propuso acabar con esta lacra. Y para ello, creó un consejo de guerra que juzgara a los asesinos de su antecesor. De esta manera, lanzaba una clara advertencia a las tropas.

El año 284 marca el comienzo de una nueva era para la historia de Roma. La identificación del emperador con la divinidad es ya un hecho desde el momento en que este nuevo emperador se aleja de la presencia humana y se recluye en su palacio. Para ver al emperador, será necesario cumplir con todo el ceremonial requerido, y solamente después de muchas reverencias. Diocleciano no se expuso jamás a ser apuñalado por la espalda mientras andaba entre las filas de soldados. Entre él y los demás había una distancia que le mantendría siempre a salvo.

Diocleciano entró en la ciudad de Nicomedia, al noroeste de Asia Menor, en el año 284, y en ella estableció su residencia. Este gesto equivalía a declarar Nicomedia como la capital del Imperio durante su reinado; o, por lo menos, a confirmar que Roma ya no lo era. Nicomedia estaba cerca de la frontera persa y también de los godos, de modo que carecía de sentido pensar que Roma tuviera que seguir siendo la residencia de un emperador cuya obligación era defender las fronteras de incursiones enemigas. En Roma residía el Senado, pero ya no tenía el reconocimiento que tuvo en el pasado. De hecho, Caro se había proclamado emperador sin esperar la aprobación senatorial. Diocleciano hizo lo mismo, convencido de que para ser buen emperador no requería del visto bueno del Senado sino de un carisma propio que lo identificara, ante sus súbditos, con un dios. Para lograrlo puso en marcha un ceremonial inspirado en la monarquía oriental, que demostró su eficacia en el largo tiempo que permaneció este emperador en el trono, veintiún años. Indudablemente, el Imperio no ofrecía ya el mismo aspecto de antes. La peste había causado estragos y los bárbaros habían destruido demasiado. Pero, por lo menos, la persona del emperador estaría a salvo de los caprichos asesinos de las tropas.

La economía estaba exhausta. La moneda de ley había desaparecido, y los impuestos eran cobrados en especie; para el abastecimiento del ejército fue necesario aumentar los impuestos. A los artesanos y comerciantes que trataban de prosperar recurriendo a otro tipo de actividades no se les permitió cambiar de profesión. Si lo hacían, eran severamente castigados. Tampoco se les permitía entrar en el ejército, que cada vez estaba formado por más soldados bárbaros y menos romanos. Esto degeneró en una apatía general, puesto que carecían de aliciente para defender unas fronteras que ya no eran romanas ni eran del todo bárbaras. La idea del patriotismo iba desapareciendo por causa de una progresiva mezcla entre quienes formaban el ejército romano.

En torno a las ciudades se construyeron urgentemente instalaciones improvisadas de defensa, para hacer frente a los continuos ataques procedentes de las provincias limítrofes. Pero no se consiguió atajar el inminente peligro. La consecuencia fue una ruina general, que indujo a la gente a pensar que los dioses habían dejado de proteger a Roma y al Imperio. Surgió entonces un sentimiento de aversión hacia los cristianos, considerados en parte como culpables de la situación. Una situación que, no obstante, debía su origen a causas mucho más complejas que el abandono de los dioses a los romanos.

Diocleciano pronto demostró que no le gustaba perder el tiempo con teorías, sino que era realista y práctico. Desde el principio de su reinado, se enfrentó a difíciles tareas militares que le obligaron a tomar unos colegas para hacer frente a la inmensidad del territorio romano, casi siempre en conflicto. Al no tener hijos de los cuales echar mano, recurrió a Maximiano como primera medida. Unos ataque bárbaros en la frontera del Rin y los saqueos ocasionados en la Galia por salteadores (los bagaudas) fueron la primera prueba que tuvo que superar Maximiano, un soldado de mano dura que acabó enseguida con ambos peligros. La medida de Diocleciano resultó, por lo tanto, satisfactoria. Del título de César que había concedido al principio a Maximiano pasó a llamarlo Augusto, pero añadió un epíteto significativo que le evitase cualquier tentación de hacerse con el poder. Diocleciano se dio a sí mismo el sobrenombre de *Jovius* (es decir, protegido por Júpiter), y a Maximiano le dio el sobrenombre de *Herculius*. El primero se reconocía delegado exclusivo de la soberanía de Júpiter. El segundo, solo del poder de Hércules, hijo de Júpiter. Diocleciano conservaba evidentemente la supremacía.

La tetrarquía

Para ayudar a Maximiano en las situaciones difíciles, le reforzó con un César, que fue Constancio Cloro, un militar escogido por su único mérito militar. Y para sí mismo, escogió como César a Galerio. Ambos césares se convertían así en supuestos sucesores del emperador; su designación debía servir para evitar la aparición de usurpadores. Este sistema de reparto de poder, conocido como Tetrarquía, fue la enérgica respuesta de Diocleciano a la alborotada situación del siglo III.

Los tetrarcas (San marcos, venecia). En esta escultura de pérfido traída por los venecianos desde Constantinopla, los augustos (Diocleciano y Maximiano) se distinguen de los césares (Galerio y Constancio) porque los primeros son barbados. Los cuatro emperadores están representados en un grupo donde cada augusto abraza al césar que ha adoptado para este le secunde en las tareas de gobierno.

Bajo su gobierno, el Imperio atravesó una etapa de recuperación, consolidación y cambios sociales y administrativos de gran importancia.

El nuevo emperador había instaurado un nuevo modelo de familia imperial, familia ficticia pero cuyos miembros estaban estrechamente vinculados entre sí. Diocleciano era "hermano" de Maximiano, "padre" de Galerio y "tío" de Constancio. Los artistas de la época expresan la idea de pertenencia a una misma familia por la semejanza de las facciones y de los rasgos. En la estatua de pórfido labrado en San Marcos de Venecia se puede ver a los tetrarcas con uniforme militar, abrazándose unos a otros. Se diferencian los augustos de los césares solamente por la barba, que indican una mayor edad.

Con la formación de la Tetrarquía, la sucesión se regulaba de antemano, fijándose un plazo determinado para la abdicación de los augustos. Cada uno de los cuatro tenía asignado un ámbito de poder, si bien los césares quedaban básicamente subordinados a los dos emperadores. La nueva organización del territorio no significaba una partición del Imperio. El reparto de las cuatro áreas era como sigue:

Diocleciano conservaba Oriente; su césar, Galerio, las provincias del Danubio. Maximiano gobernaba Italia, África e Hispania; y su césar Constancio, Galia y Britania. Paralelamente a esta distribución terrenal, la Tetrarquía experimentó también una estructuración divina; junto a Júpiter y Hércules figuraban el Sol y Marte como divinidades protectoras de Constancio y Galerio. Esta organización impresionó mucho a los súbditos del Imperio, pues comprendieron lo mucho que habían cambiado las cosas con respecto a la persona imperial. El ceremonial pomposo en torno a la corte aumentaba indudablemente el respeto por el soberano; y a pesar de que eran los éxitos militares y políticos lo que confería legitimidad a los gobernantes, sin duda ayudó mucho a Diocleciano el respeto que todos sentían hacia los dioses y ceremonias religiosas. Vieron, pues, en él un excelente mediador para la comunicación de los hombres con los dioses, y por lo tanto un garante de la prosperidad del Imperio.

Diocleciano se propuso dos objetivos claros: reforzar el ejército y controlar la inflación. Deseaba convertir al ejército en una fuerza capaz de defender la seguridad del Imperio, y para ello aumentó el número de legiones. Fortaleció las fronteras construyendo fuertes, reforzando las barreras naturales y estableciendo rutas militares desde Britania en el Oeste hasta la llamada *Strata Diocletiana* en el Este, una vía que discurría desde el Mar Rojo a Dura, en el Éufrates.

El abastecimiento de víveres seguía siendo un problema, a causa del colapso de la moneda. Pagar en especie ya era un hábito que se practicaba desde hacía algunos años, y se imponía la necesidad de seguir buscando soluciones al conflicto económico; de manera que Diocleciano introdujo un nuevo sistema fiscal en especie, sobre las cabezas (*capita*, de donde viene el término *capitación*), y la tierra. Lo que debía pagarse tenía que guardar relación con lo que se producía localmente.

El otro gran problema a solucionar era la incesante inflación y la escasez de oro y plata en el Tesoro, que Diocleciano trató de solucionar exigiendo a los ricos el cambio de metales preciosos por bronce. Pero esto no mejoró la situación. Los precios siguieron subiendo de un modo imparable, y hubo que tomar medidas drásticas. El Edicto de los precios, del año 301, se vio como posible solución. Pero tampoco fue la definitiva.

Con el fin de conseguir un control gubernamental de los aspectos fiscales, legales y administrativos de la gestión del Imperio, Diocleciano organizó los gobiernos provinciales. Dio un primer paso en la separación del mando civil y militar, poniendo en cada una de las provincias un comandante militar y un gobernador civil (fue Constantino, unos años más tarde, quien separó ambos poderes). El sistema de gobierno provincial exigía un elevado número de funcionarios para gestionarlo. A ello había que añadir los encargados de las finanzas, el séquito imperial, los funcionarios eunucos de la cámara del emperador y el secretario personal. A los funcionarios se los consideraba miembros de una milicia y recibían paga y raciones militares, lo cual convertía el servicio imperial en algo muy deseable. El gobierno tuvo que idear un equilibrio que garantizase el reclutamiento de personal necesario para el servicio del emperador a la vez que se aseguraba de que siguiera habiendo un número suficiente de contribuyentes. La complejidad del sistema administrativo mantenía un difícil equilibrio entre la burocracia y el patrocinio. Con ironía se ha dicho que en el Bajo Imperio romano había más bocas para alimentar que manos para trabajar. Cada tetrarca tenía sus propios funcionarios, su propia guardia imperial y su propia corte.

En cuanto al ceremonial, Diocleciano exigió el ritual de la *adoratio*, que consistía en arrodillarse ante él y besar una puntita de su capa de color púrpura (de ahí, la expresión tan frecuente en esos tiempos del Bajo Imperio, *adorare purpuram*), e importó el ceremonial de la corte y los títulos de la Persia sasánida. Este gesto de la *adoratio* comportaba además un beneficio no declarado: al evitar el contacto físico, ahorraba algún que otro asesinato (de hecho, Constantino se declaró más tarde amantísimo de esta parafernalia que mantenía alejados de su divino cuerpo a oficiales indeseables). El emperador vestía hermosas ropas y vivía en una reclusión propia de la monarquía oriental. Era llamado *dominus*, y todo lo referido al emperador tenía la categoría de divino o sagrado.

En el año 296 se emprendieron grandes esfuerzos para estabilizar el valor de la moneda. Apareció el *follis*, nueva moneda con una ley de bronce y plata de excelente calidad; la creación de nuevos talleres de acuñación permitió una mayor emisión de monedas. Al mismo tiempo, el Estado se empeñó en fijar la relación entre la plata y el oro. Se suprimió la dracma alejandrina y fue clausurada la oficina de cambio de Alejandría; el Imperio unificado debía tener una moneda unitaria, pero para ello Egipto debía integrarse en el ámbito monetario del denario imperial. Con estas medidas, no podía quedar superada la crisis económica. Los precios del mercado, de los cuales dependía el abastecimiento de las tropas y de sus familias, fueron aumentando constantemente. El famoso edicto de precios debía poner freno a esta situación. La idea de fijar los precios de forma autoritaria no era nueva, pero por primera vez una operación así fue extendida a todo el Imperio. Se establecieron tarifas fijas para todos los artículos y servicios posibles: objetos de lujo y oro, así como el trigo y vino, el trabajo de los asalariados y el de los maestros, al igual que el transporte de carga marítima. El objetivo era muy noble, pero muy poco probable su consecución. Se pretendía establecer un mundo de precios estables en el que no ocurrieran imprevistos en la economía de las provincias, de las ciudades y del fisco imperial. Pero no fue posible.

El 23 de febrero del 303 la iglesia de Nicomedia fue destruida por una facción oficial. Al día siguiente, Diocleciano ordenó la destrucción de las iglesias y la quema de las Escrituras sagradas; los cristianos que ostentaran cargos públicos fueron despojados de su rango. Mandó que se encarcelase a los obispos y que se les obligara a ofrecer sacrificios a los dioses. "No existe más que un Dios" era la fórmula de los cristianos, lo cual equivalía a negar la libertad para elegir a otros dioses. Así que el conflicto con los emperadores de la Tetrarquía estaba anunciado, e iba a desembocar en la primera persecución real contra los cristianos.

La persecución se llevó a cabo de manera muy desigual. Maximiano y Constancio mostraron poco entusiasmo por esta política en Occidente. Pero lo cierto es que muchos obispos y miembros del clero fueron encarcelados y torturados en Oriente. La persecución causó una profunda impresión en los cristianos de la época.

Desde hacía cuarenta años las iglesias cristianas habían podido desarrollarse en una atmósfera de paz, sin provocar agitaciones de importancia; incluso en el ejército servían numerosos cristianos, que por el prolongado periodo de paz ya no estaban preparados para aceptar el martirio. Pero en la corte de Nicomedia existía una oficina de propaganda cuya misión era la de combatir la fe cristiana, las instituciones de la Iglesia, su jerarquía y sus fieles, con la ayuda de libelos difamatorios. Se descubrió su actividad cuando un incendio destruyó el palacio de Nicomedia.

Este incidente fue seguido del primer edicto de persecución, que con la destrucción de las basílicas y de los libros litúrgicos atacaba el culto divino. Le siguieron otros tres edictos; iban dirigidos contra el clero y exigían a todos los cristianos que abandonaran su fe bajo la amenaza de prisión o muerte. En Oriente y en Africa, los efectos de esta primera persecución fueron terribles; en Africa, donde los *traditores* (traidores) entregaban objetos de culto a las autoridades, fueron mucho más numerosos que en los *confessores*, quienes en cárceles y minas dieron testimonio de su fe. Occidente recuperó la paz religiosa muy pronto.

Existía desde tiempos de Augusto la costumbre de celebrar los aniversarios cada diez años, los llamados Decenales. Siguiendo con esta tradición, Diocleciano organizó la celebración de sus fiestas vicenales, es decir, de sus veinte años de reinado. El 20 de noviembre del año 303 celebró una ceremonia especialmente solemne. En esta ocasión, y de manera excepcional, los cuatro Príncipes iban a encontrarse juntos en Roma. Se alzó sobre el Foro una basa conmemorando los Vicenales de los augustos y los Decenales de los césares.

Ese día, en el cual Roma recuperó su esplendor de metrópoli del mundo, se anunció una gran noticia: los augustos abdicarían en un determinado plazo y serían reemplazados entonces por los césares que, convertidos en augustos, designarían dos nuevos césares. Esta medida fue aplicada en 305, veinte años después de la subida al trono del emperador Diocleciano.

Este sistema de renovación solucionó el problema de la sucesión al trono imperial, para el que no había encontrado solución Augusto. Diocleciano introdujo la elección del césar por méritos militares, quien una vez legitimada su posición se convertiría automáticamente en augusto cuando este cesara en sus funciones. El 1 de mayo de 305 Diocleciano abdicó como estaba previsto, en Nicomedia, en presencia del césar Galerio, quien se convirtió en augusto. El mismo día, en Milán, Maximiano hizo lo mismo, en presencia de Constancio, que se convirtió también en augusto. Diocleciano presentó a su nuevo césar, Maximino Daya. Y en Milán, Severo fue elegido césar del mismo modo. Diocleciano y Maximiano se retiraron como augustos honorarios, cada uno a su lugar de retiro; el primero a Split en la costa dálmata, donde se había hecho construir un palacio que aún se conserva; y Maximiano se retiró a Lucania a una de sus fincas.

El Imperio estaba ahora dividido en cuatro prefecturas, cuyo nombre deriva de prefecto que estaba al mando. Cada prefectura estaba bajo el gobierno de uno de los césares o augustos. Cada prefectura, a su vez, estaba dividida en diócesis, dirigidas por gobernadores; y cada diócesis, en provincias, cuyo número total superaba al centenar. Todo esto lo controlaba el emperador desde la distancia, mediante un servicio secreto que vigilaba por el buen cumplimiento de las funciones que ejercía cada uno de los muchos funcionarios repartidos a lo largo y ancho del Imperio. No hay que ver, por lo tanto, en la Tetrarquía un Imperio romano dividido en cuatro emperadores. El emperador único era Diocleciano, ayudado por dos césares y dos augustos con sus respectivas competencias. La idea de añadir el epíteto con el nombre de Júpiter y de Hércules acercaba la tetrarquía a un ordenamiento divino más que terreno; y su único objetivo era evitar usurpaciones de poder. En virtud de su propio derecho, los tetrarcas eran más soberanos divinos que ayudantes del emperador. En cierta medida, la tetrarquía fue una teocracia, pues entre el pueblo existía la convicción de que los dioses regían el mundo.

Un mundo en el que reinan los dioses debe sustraerse a las contingencias de la existencia humana. No es la muerte terrena la que pone fin a su reinado, sino un número de años establecido en el ámbito de la eternidad; de ahí surgió la idea de celebrar los vicenales: cada veinte años, los augustos abdicaban y eran sustituidos por los césares, convertidos a su vez en augustos asistidos por nuevos césares. La consecuencia inmediata y más efectiva fue que los humanos (soldados o senadores) perdían toda influencia en la elección de los emperadores. Esto trajo sin duda el fin de la usurpación. Diocleciano, obsesionado por la astrología, consiguió integrar su sistema de gobierno en una especie de ciclos cósmicos que garantizaban la sucesión en el trono. La tetrarquía no era un gobierno perfecto, pero acabó con la inestabilidad de las instituciones políticas, aseguró la paz en las fronteras del Imperio y con el restablecimiento de la autoridad estatal abrió los cauces para llevar a cabo grandes reformas. Entre ellas, las reformas militares tuvieron gran importancia, pues aumentó considerablemente el número de generales fronterizos, el número de legiones y de los cuerpos de caballería. La guardia imperial que acompañaba a Diocleciano en todos sus desplazamientos se vio reforzada con numerosas unidades de tropas hasta constituir una verdadera fuerza de intervención.

El sistema no presentaba problemas de momento. Hasta que la ambición pudo más que la sensatez. Llegó alguien, llamado Constantino, que revolucionó el curso de la historia mediante una estrategia sin precedentes en el mundo occidental. La existencia de Constantino, primogénito de Constancio y que ahora pasaba a ser augusto, despertaba de nuevo el recuerdo de la sucesión hereditaria. Constancio demostró sus excelentes cualidades y su lealtad a los emperadores colegas. A pesar de todo, se tomaron medidas para asegurar su lealtad. Fue obligado a separarse de Helena (con quien Constancio había tenido a su hijo Constantino) y a casarse con Teodora (hija de Maximiano).

El 25 de julio de 306 murió Constancio. El césar Galerio se convirtió en augusto, y se apresuró a nombrar (a título de augusto) a Severo para occidente. Pero en York el ejército prefería a Constantino, al cual nombró augusto. Y entonces empezaron los conflictos.

La situación fue tan caótica que llegó a haber cuatro augustos y dos césares, enfrentados por la ambición. Se iban resolviendo los choques frontales gracias a que alguno moría en el momento adecuado. Y en 311 existían cuatro emperadores muy alejados ya del sentido de unidad que tanto había perseguido Diocleciano. Eran los siguientes: Maximino Daya, en Asia Menor, Siria y Egipto; Licinio, en Iliria y en los Balcanes; Constantino, en Galia, España y Bretaña; Majencio, en Italia y África.

Como se puede ver, el Imperio había perdido su unidad. Y la Tetrarquía ya no se parecía en nada a lo que fue en su origen. Diocleciano no tuvo herederos directos y su sistema de gobierno no sobrevivió a su retiro. Constantino sucedió en el año 306 a su padre Constancio Cloro. Se aseguró su posición como augusto en el 307 por medio de una alianza con Maximiano y pronto se dedicó a preparar la eliminación de sus rivales.

Constantino entró en la escena política como un hombre que jamás conoció la duda. Decía estar guiado por una estrella, y en ella se amparaba para tomar sus decisiones. Seguramente fue una estrella la que le dijo que se pusiera en camino para estar junto a su padre moribundo. Y Constantino llegó a tiempo. No de evitar la muerte, pero sí de conseguir que las tropas le nombraran sucesor, algo que no estaba previsto según los cálculos de Diocleciano.

26

Constantino, ¿primer emperador cristiano?

Constantino era un hombre con mucho coraje y tenacidad. Hombre de frente estrecha pero con fuerte maxilar, según una descripción de alguien que vio en él a un hombre de no excesiva inteligencia.

Sea cierta o no tal descripción, Constantino fue un hombre de acción. Con él se inicia un periodo de la historia de Roma en el cual los ciudadanos dejan el culto a los dioses y empiezan a reconocer la existencia de un solo Dios. A los ojos de todos, Constantino y su Dios habían vencido. Al lado de este hecho importa poco cómo Constantino entendía personalmente a este dios o lo que realmente creía. Lo verdaderamente importante fue que reconoció en el aliado de la batalla al Dios de los cristianos, cuyo culto había sido legitimado el año anterior por Galerio, en su Edicto de Tolerancia. Galerio había reconocido al cristianismo como *religión lícita*, es decir, como asociación registrada cuyos miembros podían reunirse en locales de su propiedad y crear cementerios particulares para ellos. Las condiciones que Galerio había impuesto para autorizar esta religión era que sus miembros no actuaran en contra del orden público y que incluyesen en sus oraciones al emperador y al Imperio.

Después de la victoria sobre Majencio, Constantino fue vitoreado como libertador de Roma, como auténtico restaurador de la libertad del pueblo romano y, finalmente, como fundador de la paz y la seguridad pública.

Pero el hecho de que Constantino abrazara la nueva religión no implica que el Cristianismo triunfase en el Imperio bajo su reinado. Simplemente, le dio apoyo legal. El Cristianismo, en realidad, cobra auge a finales del siglo IV, bajo Teodosio, emperador que declara el Cristianismo religión oficial del Imperio romano.

Durante siglos se ha puesto en duda la sinceridad de la conversión de Constantino. En cualquier caso, el hecho de su conversión personal es lo que menos importa a la hora de analizar cómo actuó el emperador en una época conflictiva que necesitaba urgentemente la recolocación de piezas en el puzzle social, político y religioso que fue el siglo IV.

Grande era por entonces la desesperación en torno al futuro del Imperio, arrasado por guerras civiles e invasiones bárbaras, azotado por impuestos cada vez más sofocantes, y amenazado por el hambre y continuas plagas. El poder del

Senado y del ejército había sido siempre enorme, pero a partir de Diocleciano se empezó a necesitar de la ayuda divina para resolver los conflictos terrenales. En el periodo de la Tetrarquía, Diocleciano había introducido una dimensión nueva del poder político al referirlo a una voluntad divina. Con ello, la protección de un dios resultaba imprescindible para el buen hacer del emperador. De esa protección dependía la gloria del Imperio y de la persona del emperador, manifestada en las victorias militares.

Probablemente Constantino había vivido una infancia de religión monoteísta, que parece haber sido la de su padre. Desplazado en su adolescencia a la corte de Diocleciano en Nicomedia, pudo haber conocido allí la religión cristiana que había penetrado muy cerca de la intimidad familiar del emperador. Después fue testigo de la experiencia de la "gran persecución" en Oriente ordenada por Diocleciano, y de la tolerancia de su padre Constancio en Occidente, donde por supuesto el cristianismo planteaba menos problemas políticos, ya que estaba poco extendido. Es casi seguro que ocupa Hispania en el año 308 y que, desde entonces, entra en el círculo palatino Osio, obispo de Córdoba, un cristiano sólidamente creyente, muy pragmático y ajeno a las sutilezas teológicas orientales donde se discutían asuntos sobre Cristo y la Trinidad. Este obispo, que estará muy presente a lo largo de toda la vida del emperador, ejerce enorme influencia en las iniciativas que toma Constantino en el ámbito religioso.

En estas condiciones, movido por su ambición política y convencido de su legitimidad por la elección de los generales de Britania y por el reconocimiento (a regañadientes) de los tetrarcas, Constantino emprendió la liberación de Italia contra Majencio, poniéndose bajo la protección de su Dios.

No parece sostenible el argumento de quienes afirman que Constantino abrazó la nueva religión atormentado por un sentimiento de culpa a causa del drama familiar del año 326, que deshizo el hogar del emperador con la muerte de su hijo Crispo, y que sigue siendo un misterio susceptible de las interpretaciones más diversas. De un hombre que no conoció la duda porque estaba seguro de estar guiado por una estrella, no cabe esperar tampoco que sintiera remordimiento. Todo cuanto hacía, lo hacía con la protección de su Dios. Y en cualquier caso, no conviene olvidar que el asesinato de su esposa y de su hijo ocurrió doce años después de que él viera la señal de la cruz en el cielo.

Fausta, esposa de Constantino, se sintió celosa de la popularidad de su hijastro, Crispo (el hijo que Constantino había tenido de su primera esposa llamada Minervina). Movida por los celos, Fausta acusó a Crispo de haber intentado seducirla. Helena, madre del emperador, quiso defender a su nieto, y convenció a Constantino de la culpabilidad de Fausta, acusándola de adulterio. El adulterio era un crimen que cualquier delator podía denunciar. Lo cierto es que Crispo fue ejecutado.

Al poco tiempo, también Fausta fue liquidada con una muerte horrible. Constantino ordenó que Fausta muriera en una bañera llena de agua hirviendo. "Que la saquen cuando no haya duda de que no respira", dijo Constantino dejando a su esposa en el *caldarium* de las termas.

Como consecuencia de estas muertes, parece ser que Helena sintió después remordimientos que no le permitían vivir en paz. Oyó decir que la religión cristiana perdonaba todos los pecados. Y se puso en marcha en peregrinación, sin importarle que Palestina estuviera al otro lado del planeta. Allí contribuyó a la construcción de grandes iglesias. Murió en loor de multitudes, y ha pasado a la historia como una verdadera santa. Una santa que contribuyó a construir iglesias, y que hizo obras de caridad gracias a ingentes cantidades de dinero que le proporcionaba su hijo, el emperador cristiano.

La razón por la cual se convirtió Constantino interesa poco en realidad. Lo que sí merece atención es el recurso utilizado para explicar dicha conversión. Constantino vio en sueños la señal de un dios que le prometía la victoria sobre su enemigo. Y aunque sea discutible la veracidad de tal señal, no lo es en absoluto la seriedad con que se tomaban entonces los sueños. Constantino fue capaz de convertir la evocación de un sueño en una auténtica revolución. Tratándose de un sueño que tenía que ver con una victoria militar no resultó difícil atraer la atención de los súbditos en un momento político difícil, que solamente una visión sobrenatural sería capaz de resolver. Nadie discutiría lo que procedía de un poder sobrenatural. En el mundo pagano las revelaciones se producían mediante sueños.

Constantino, incluso después de conceder la libertad religiosa, siguió honrando al Sol. En las monedas se podía ver la efigie del emperador con el Sol, pero también circulaban otras con las letras griegas *X* y *P* (iniciales de *Christos*) que había visto Constantino en su sueño. Según parece, lo que vio fue una cruz con el monograma de Cristo. Pero esto no es todo. Con sus ojos mirando al cielo, vio estas palabras griegas *Touto nika* "con este signo vencerás". Y aunque nosotros podamos dudar de la verdad o falsedad de este suceso, lo cierto es que Constantino venció sobre su rival Majencio; de modo que importa muy poco si lo que vio fue una visión, o tuvo una alucinación, o se trató más bien de una astuta invención.

Emperador astuto, sagaz, ambicioso, Constantino no arriesgó nada. Su ambición le dio resultado, gracias a la protección divina acerca de la cual no tenía que convencer a nadie, puesto que el resultado de la batalla hablaba por sí mismo. La victoria sobre Majencio, seguida de la conquista de Italia y del control de Africa, es para Constantino una prueba celeste del acierto de su elección. Pero sabía que podría haber problemas en Roma, y se las ingenió para ganarse la colaboración del Senado. Un apoyo político le sería útil para asegurarse la lealtad de sus nuevos territorios en los próximos años.

En el transcurso de la noche anterior a la victoria de Constantino y su entrada en Roma al día siguiente, los senadores se reunieron para analizar la nueva situación política. Aunque muchos habían prestado servicio a las órdenes de Majencio y colaborado con su régimen, podían argumentar que lo hicieron bajo coacción. Por lo demás, algunos senadores pudieron haberse comunicado en secreto con Constantino antes de la batalla del puente Milvio, mientras muchos otros pudieron haberse conocido cuando Diocleciano visitó Roma en 303. Esto pudo ocurrir en el pasado. ¿Qué podría ocurrir en el futuro?

El Senado podía, si quisiera, ofrecer su apoyo a Constantino y fortalecer así su control sobre Italia y Africa mediante la influencia política que el Senado ejercía en esas áreas. Por supuesto Constantino no se atrevería a gobernar por la fuerza ni por ninguna forma de coacción. No habían pasado muchos meses desde que Licinio parecía ser el destinado a recuperar Italia y reunificarla con el resto del Imperio romano. Constantino fue el nuevo dueño de Italia solamente porque se anticipó a Licinio en una conquista inevitable. Pero pronto se desencadenó la guerra en Oriente entre Licinio y Maximino, cuya alianza con Majencio (ahora ya muerto) se había vuelto en contra de Licinio. Si Maximino venciera, Constantino no le permitiría de ningún modo disfrutar de su botín.

En estas circunstancias, Constantino supo combinar astutamente sentido común y propaganda. Habló en el Senado y anunció un nuevo plan de acción. Todos los reproches recayeron sobre Majencio y sus secuaces. Majencio había pasado a ser el usurpador que tenía a sus órdenes a mercenarios dispuestos a cometer todo tipo de crímenes por su jefe; sin embargo Constantino se presentaba como verdadero conquistador, con hábiles muestras de clemencia, deseo de paz y rechazo ante lo que supusiera derramamiento de sangre.

Una vez ganada la simpatía necesaria, prohibió todo tipo de venganza contra sus rivales. Incluso protegió a los hombres de Majencio que habían cometido asesinatos obedeciendo órdenes del tirano. Anuló los rescriptos que su rival había puesto en marcha, con la precaución de que se respetasen los que parecían beneficiosos. Y a pesar de que invalidó algunos cargos que Majencio había otorgado a miembros del Senado, tuvo buen cuidado de respetar la categoría de los oficiales que prestaron su servicio al antiguo líder. Mantuvo durante un mes al prefecto de la ciudad a quien Majencio había nombrado el 27 de octubre de 312.

Cuando Constantino anunció su política en la Curia, prometió devolver al Senado su autoridad tradicional y las prerrogativas que hicieron de esta institución un modelo ejemplar del gobierno de Roma. El Senado le respondió con recíproca generosidad. Le nombró miembro señor del colegio imperial, lo cual significaba que Constantino era no solamente Augusto sino Gran Augusto.

¿Qué ganaba el emperador con este nombramiento? En primer lugar, el derecho de elegir a los cónsules. Y sobre todo, la ventaja de poder ocupar el primer puesto en los documentos oficiales. Pronto se dedicaron al nuevo emperador edificios y estatuas. Recibió un escudo y guirnalda de oro como libertador de Italia, y el Senado consagró una estatua de Victoria en su honor dentro de la Curia. La nueva basílica recién construida para Majencio fue dedicada a Constantino, y su interior pronto lo ocupó una inmensa estatua que daba testimonio de los sucesos recientes. En la entrada, Constantino estaba representado en piedra en un tamaño diez veces superior al tamaño real, con la mirada dirigida al cielo y sosteniendo en la mano el estandarte cristiano, conocido como *lábaro*.

La inscripción de esta estatua hacía explícito su mensaje incluso para los analfabetos: con este signo cristiano Constantino había liberado a Roma del yugo del tirano y devuelto al Senado y al pueblo su antiguo esplendor. Sea cual fuere el nombre de su dios protector, todos sin excepción reconocerían la protección de un dios iluminador; de ahí la presencia de la imagen solar en torno al emperador. El sol a nadie puede ofender.

Estos pequeños detalles, ejemplos extraordinarios de ambigüedad efectiva en los que Constantino era un verdadero experto, iban acompañados de gestos públicos que se hicieron inolvidables para los súbditos del Imperio. Cuando, por ejemplo, Constantino distribuía víveres al pueblo romano, lo hacía enfrente de las

Mosaico representando a Constantino I el Grande en *Hagia* Sofía, Estambul.

columnas que el Senado había dedicado en el año 303 para conmemorar los veinte años al poder de Diocleciano y Maximiano, y los diez años de Constancio y Galerio. La elección del lugar obviamente no fue casual. Obedeció a su intención bien encubierta de demostrar al mundo que él era el verdadero sucesor de los tetrarcas.

Ahora bien, Majencio era hijo de Maximiano y cuñado de Constantino, y en 311 Constantino había maldecido la memoria de Maximiano como traidor y asesino. Después de octubre de 312, Constantino sustituyó fríamente propaganda por historia. La esposa de Maximiano juró en público que había concebido a Majencio en adulterio. De este modo, el derrotado tirano era un supuesto hijo de Maximiano, un enano deforme.

Una vez disociados Maximiano y Majencio, el primero pudo ver honrado su nombre: en 318 pasó a ser llamado Divino Maximiano, y apareció junto a Divino Constancio y Divino Claudio en una moneda acuñada para conmemorar el ascenso de Constantino como el mejor de los emperadores.

A partir de entonces, Constantino fue no solamente jefe del Estado y de la religión del Estado, sino también protector de las artes. Aunque, a decir verdad, tenía fama de no ser especialmente culto.

El emperador fue consecuente con la decisión tomada. Por eso renunció al ascenso al Capitolio en su entrada triunfal en Roma para dar gracias a los dioses paganos, absteniéndose de tomar parte en los sacrificios, y mostrando una creciente generosidad con la Iglesia hasta el punto de poner al servicio de esta el poder del Imperio. La corte y todo su ceremonial daba muestras de haber acogido la nueva religión. Los obispos se sentaban a comer a la misma mesa que el emperador, y le acompañaban a todas partes. A los tres años de su conversión, monedas de plata confirmaban que Constantino llevaba el monograma cristiano en su casco. Al mismo tiempo, el Sol Invencible seguía apareciendo en las monedas como protector del Imperio. Lejos de representar esta dualidad una duda religiosa, mostraba por el contrario la astucia de Constantino de actuar con precaución y, sobre todo, muy lentamente. Actuó, si se nos permite el símil, como la serpiente que avanza sigilosamente evitando que su presencia perturbe la confianza de su víctima que está muy cerca.

Al año siguiente, Constantino y su colega Licinio redactaron un texto en el cual otorgaban libertad de culto. Con este llamado "edicto de Milán" cambió el rumbo de la historia. Por vez primera, un texto imperial permitía oficialmente la práctica de todas las creencias y cultos. Y con ello empezó una nueva etapa.

Antes de la fecha histórica del año 313, los cristianos no podían tomar parte en el culto imperial, impedidos por su fe que rechazaba cualquier forma de culto que no fuese su único Dios. Y ello les colocaba en una incómoda posición marginal respecto de la vida pública. La Iglesia llegó a poseer lugares de culto y cementerios, pero en precario. Estuvo siempre sometida a la arbitrariedad de las autoridades que tenían un poder absoluto. La revolución de Constantino consistió, precisamente, en darle la vuelta a esta situación. Y lo hizo con gran habilidad.

El ansia desbordada que había alimentado Constantino por ocupar el trono era similar a su habilidad en saber qué cualidades debía tener un monarca para ganarse la popularidad. Lo primero que hizo fue establecer a favor de los cristianos el principio de tolerancia religiosa. Y se acabaron las persecuciones contra los cristianos.

A continuación, reconoció la personalidad jurídica de la Iglesia, que antes no había llegado a ser nunca reconocida como corporación legalmente establecida. Ordenó restituir a la Iglesia los bienes que le habían sido confiscados, y se extendió a favor del clero el privilegio de exención de impuestos de que gozaban los sacerdotes paganos. Después, mandó lucir signos cristianos en monedas, medallas y estandartes, que mostraban la vinculación del emperador con el Dios de los cristianos, vínculo que equivalía a una señal de identidad. Pero sobre todo dio dinero, ropa, y refugio a los pobres, ayudó a los huérfanos y viudas, si bien esto último provocó desconcierto entre muchos cristianos: concedió dotes a las viudas más pobres para que pudiesen encontrar un segundo esposo.

Cumplió, desde luego, escrupulosamente bien con el papel de benefactor. Lo hizo en el ámbito social que tenía más cerca, y también en el político que representaba algo más ambicioso; inauguró una nueva etapa histórica con la fundación de Constantinopla, la nueva Roma, libre de contaminaciones politeístas.

Parece ser que el obispo Osio de Córdoba influyó en todas estas decisiones del emperador, y ayudó a que la fuerza del Estado se pusiera al servicio de la Iglesia.

A la entrada triunfal de Constantino en Roma sigue inmediatamente la entrega a la Iglesia de la *domus Faustae*, la casa de Fausta (su esposa a la que mandó matar en una bañera de agua hirviendo).

Estando así las cosas, ¿interesa preguntarse si lo que tuvo Constantino antes de abrazar la nueva religión fue un sueño, o una visión luminosa justo antes de la batalla, o si fue un simple reflejo del sol? No excluyamos la posibilidad de que todo fuese producto de su propia neurosis.

En historia importan los hechos y no las elucubraciones. Y los hechos son que a principios del año 313 vemos a un emperador enviando dinero al obispo de Cartago al tiempo que le ordena conceder beneficios eclesiásticos. Y Osio de Córdoba aparece como acompañante del emperador; mejor dicho, como su consejero espiritual en cuyas manos ha depositado su alma.

El edicto según el cual se otorgó libertad de culto a los súbditos fue de capital importancia para la historia de Roma, del cristianismo y de Occidente. He aquí una pequeña parte del texto:

"Hemos decidido otorgar a los cristianos y a los demás la libertad de practicar la religión que prefieran, para que la divinidad que reside en el cielo sea propicia y favorable tanto a nosotros como a todos los que viven bajo nuestro dominio, y que no se prive a cada culto de los honores que le son debidos...".

Este texto fue, sin duda, un texto revolucionario que abrió una nueva etapa de la historia y convirtió al cristianismo en una potencia mundial. Cabe preguntarnos si, de no haber vencido sobre Majencio, se hubiese convertido Constantino a la nueva religión. Posiblemente la conversión le vino impuesta por esta victoria, que además de oportuna, resultó ser de un dramatismo catártico para una época que necesitaba de algún modo una catarsis colectiva. La victoria sobre Majencio reunía todos los ingredientes para

Busto de Majencio. La victoria de Constantino sobre Majencio reunía todos los ingredientes para pasar a la historia como escenario único capaz de ensalzar las maravillas de la nueva fe.

pasar a la historia como escenario único capaz de ensalzar las maravillas de la nueva fe.

¿Una derrota ante Majencio hubiese impedido que la nueva fe prosperase? Eso nunca se sabrá. Y, posiblemente, Constantino no tuvo tiempo de hacerse tal pregunta, pues cuando quiso darse cuenta se vio impulsado por la celeridad de los obispos, quienes estaban ya políticamente organizados. La estructura de la Iglesia en corporaciones mostraba la eficacia de la unidad de la Iglesia. Y esto quizá fuese lo que más gustó al emperador. La unidad de la Iglesia ofrecía un paralelo válido para conseguir la unidad del poder.

Lo que es incuestionable es que la conversión de Constantino dirigió hacia un camino imprevisto la historia de la humanidad.

El Emperador,
como un molusco cerrado

Toda la parafernalia de la corte tiene su origen en Diocleciano. Pero fue en tiempos de Constantino cuando alcanzó su esplendor.

Bajo el reinado de Diocleciano, la corte funcionaba como estructura de poder central, a través de la cual gobernaban los augustos y los césares. La corte en sí misma no tenía un lugar fijo, pues unas veces estaba en Tréveris, otras en Nicomedia, otras en Constantinopla. Adonde fuere el emperador, allá iba su corte. Todo lo que ocurriera en su interior era secretísimo, y nada trascendía al exterior.

Debemos a Diocleciano cambios sustanciales en la ceremonia de palacio. Sustituyó, como ya hemos dicho, el saludo por la adoración. Es decir, los funcionarios que acudían a la recepción oficial no saludaban, sino que adoraban al emperador mediante la *adoratio purpuram*, que consistía en arrodillarse ante el emperador, quien le ofrecía un extremo de su capa púrpura para que la besaran. No todos los funcionarios conseguían este privilegio, que se convirtió de hecho en el momento culminante de una carrera al servicio del emperador.

La comitiva imperial la formaban los funcionarios de la corte, a quienes dio el título de *comites*. A dichos *comites* o "acompañantes" les otorgaba distinto rango social. Uno era cónsul, otro senador, otro gobernador de capital de provincia, dependiendo del grado de proximidad personal al emperador. Constantino consiguió así convertir el trabajo de simple "servicio" en categoría personal muy apreciada incluso por la aristocracia.

La consecuencia de otorgar tantos títulos a los funcionarios de la corte fue una inflación incontrolada. Encontramos al administrador de una provincia, al encargado de los establos imperiales, a los oficinistas, a los contables, etc. Y todos ellos con un honorable título. El conjunto de estos funcionarios formaban el consejo, llamado "consejo sagrado" o consistorio. El nombre de consistorio se debía a que en presencia del emperador todos permanecían de pie, y solo el emperador estaba sentado.

La corte del emperador, como centro de mando del poder, era sagrada. Y sus decisiones, sagradas decisiones. Era sagrada su persona, era sagrado el palacio, y todo cuanto rodeaba los actos y las palabras provenientes de la corte. El emperador era como un molusco cerrado, así describió un autor de la época el secretismo en torno a su persona. Del emperador se decía que respondía en forma de oráculos parecidos a los oráculos de los dioses; de modo que si alguien desobedecía cometía sacrilegio.

Con tanto hermetismo y tanta ceremonia, los emperadores se situaban ya muy lejos de la gente y de los problemas de la sociedad. Este exceso de formalismo no hizo sino aumentar mucho más el distanciamiento que ya existía en los emperadores romanos de tiempos anteriores.

En la corte de Constantino, el silencio pasó a tener una importancia capital. En lo más recóndito de palacio se celebraba la ceremonia ante el emperador en un silencio absoluto. El silencio pasó a ser sinónimo de sentimiento religioso, de ritual sagrado que confundía al emperador con el dios a quien los súbditos rendían tributo. Ahora bien, no era la persona del emperador como tal lo que adquiría esa majestuosidad, sino el Imperio, elevado a categoría de monarquía absoluta siempre por encima de los humanos.

Para entender la importancia que tenía toda esa parafernalia, basta con recordar una representación de ópera. La ópera, sin la parafernalia del escenario y del vestuario sofisticado no sería ópera. Pues en la corte imperial ocurría lo mismo. La sala del trono se había convertido en un escenario de ópera. Alfombras de lujo, vestidos bordados con hilos de seda y oro, flores en las paredes, pájaros artificiales que imitaban el canto de los de verdad, todo ello conformaba el ambiente de palacio.

Cuando alguien se acercaba al emperador, se echaba al suelo y empezaba a sonar una música. A continuación, se echaba al suelo una segunda vez y entonces cesaba la música. El emperador permanecía sentado en su trono, situado en un lugar elevado. Justo al llegar ante el trono, el visitante se arrodillaba una tercera vez. Con todo este ritual, quedaba descartado cualquier pensamiento de igualdad entre súbdito y emperador, y hacía inequívoca la sumisión absoluta ante su sagrada persona.

Por eso nos llaman tanto la atención aquellas leyes en las que Constantino anima a sus súbditos a denunciar ante él injusticias que observen a su alrededor. No olvidemos, eso sí, que uno de los rasgos más peculiares de Constantino era el sentido del humor (en este caso, humor sombrío):

"Todo aquel que pueda demostrarme la injusticia de algún juez, de algún alto funcionario, de algún amigo o cortesano mío, que venga sin temor y se dirija a mí; personalmente le escucharé y me informaré de todo. Si se demuestra que es cierto, yo mismo me vengaré".

¿CÓMO DEMOSTRÓ CONSTANTINO SU CONVERSIÓN?

En primer lugar, debe quedar claro que la victoria sobre Majencio no hizo que Constantino se convirtiese al cristianismo. Sencillamente, por una cuestión de fechas. La victoria tuvo lugar en el 312. Y, nada menos que en el 326, el emperador manda ejecutar a su hijo Crispo y a su esposa Fausta. No parece esta una actitud propia de un buen cristiano.

Una cosa es la conversión personal del emperador, y otra muy distinta su generosidad hacia el cristianismo. Efectivamente dio dinero para la construcción de iglesias, favoreció a los obispos y a los clérigos con privilegios legales y exención de impuestos, y permitió la intervención de los obispos en asuntos políticos.

El primer paso que dio Constantino para ir quitándole terreno al paganismo fue promulgar leyes que prohibieran los sacrificios. A continuación, mandó destruir los templos paganos, como el de Asclepio en Cilicia, muy conocido por sus curas milagrosas, y el de Heliópolis en Fenicia, al que consideraba ofensivo para los cristianos por ser un centro de prostitución ritual. Antes de destruirlos, por supuesto sacaba todo lo aprovechable que había en su interior, tal como estatuas, dinero, oro, plata, y piedras de valor.

En el terreno legislativo, Constantino fue abriendo paso al cristianismo mediante leyes que favorecieran el culto cristiano. En primer lugar, santificó el domingo como día de descanso. Prohibió azotar injustificadamente a los esclavos, y desde luego no permitió que se les azotase en la cara. El rostro era imagen de Dios. Se podía azotar a los esclavos en cualquier otra parte del cuerpo, pero no en la cara. Y en cuanto al trato a los esclavos, no permitía que pasaran hambre, más que nada por razones prácticas. El emperador seguía el principio de que si un esclavo moría de hambre, habría que comprar otro. Así que resultaba más rentable tratar bien a los esclavos que ya conocían su trabajo y estaban acostumbrados a su amo.

Además, anuló la ley de Augusto según la cual se castigaba a quienes permanecían solteros y sin hijos. Constantino elogió, por el contrario, a quienes escogían la soltería como forma de vida y entregaban a Dios su vida y sus bienes. Contra el rapto estableció uno de los castigos más crueles de cuantos conocemos; al joven que rapta a una mujer lo castiga con la muerte. Pero a la nodriza que permite que la mujer escape con su raptor le espera una de las muertes más horribles de cuantas conocemos del Imperio romano: se le introducía plomo líquido en la boca hasta asfixiarla.

En cuanto a la divina inmortalidad del emperador, Constantino cayó en la cuenta de que ahora se había producido un pequeño cambio. En el cristianismo, el dios ya no podría ser él. Solo había un Dios, que estaba por encima de los humanos y del propio emperador. Así que él siguió siendo divino, pero no era Dios. En todo caso, pasó a ser el representante de Dios en la tierra.

Llegado a este punto, se le planteó a Constantino el dilema de saber hasta dónde le correspondía a él intervenir en los asuntos que afectaban a la Iglesia. Ahora, claro está, los súbditos ya no eran solo súbditos del emperador, sino hijos de la iglesia cristiana. Saber hasta dónde llegaba su intervención fue una de las mayores preocupaciones del emperador. Pero encontró pronto la solución. Cuando, por ejemplo, se produjeron los cismas dentro de la iglesia, el emperador intervino aduciendo que él era el transmisor de la voluntad divina. Lo que él decidiera, pues, era aceptado por todos sin protestar. La unidad era impuesta por encima de todo.

¿Qué consiguió Constantino convirtiéndose al cristianismo? Cuando el emperador se hizo cristiano, creó una oportunidad de oro para dar al Imperio una religión universal. Aprovechando la autoridad que tenían los escritos eclesiásticos y el reconocimiento de su espíritu misionero unidos al poder político, militar y económico del Imperio, Constantino soñaba con crear un auténtico Imperio mundial.

En momentos difíciles, convenía dar la imagen de que el Imperio era fuerte; en la Iglesia encontró un buen aliado para dar esta imagen de fortaleza. A Constantino le gustó la capacidad de organización que desde siempre había demostrado la Iglesia; esta capacidad supo aprovecharla de un modo infalible. Con la creencia en un Dios invisible, el emperador se hacía más grande a los ojos de todos. El poder omnipotente de Dios, a su vez, justificaría el poder del emperador. De modo que su conversión inspirada por una revelación divina excluía cualquier objeción a su poder universal.

Al convertirse a la nueva fe, Constantino consiguió fijar en los súbditos la imagen de tres corazones: un Dios, un Imperio, un Emperador. Los tres corazones necesarios para hacer de este emperador el primer modelo de rey cristiano, un rey que no fue jamás llamado así, pero que actuó como si lo fuera. Haciéndose llamar obispo, quiso siempre aparecer como uno más de sus obispos. "Yo soy obispo de los de fuera...", dijo Constantino en una frase cuyo significado nadie se pone de acuerdo en interpretar. Para los cristianos que ya estaban dentro, correspondía a los obispos la labor de no perderlos. A los que aún estaban fuera, el emperador trataría de recuperarlos para la Iglesia.

El emperador era, pues, persona divina, obispo, oráculo de Dios, y también apóstol. El apóstol número trece, como le gustaba que le llamasen.

¿Qué efecto inmediato consiguió Constantino abrazando la fe cristiana? Ciertamente, el efecto inmediato no fue muy halagador. Su hijo Constancio fue arriano. Y su sobrino Juliano defendió el paganismo. Pero la conversión había estado precedida por una súplica a los dioses, o al Dios único (nunca se sabrá con certeza) en la cual Constantino imploraba "Dios de los cielos, dime por lo menos cuál era la divinidad en la que creyó mi padre..." Y a continuación, se le apareció la cruz. Así que Constantino no dudó nunca de haberse hecho cristiano por indicación de una señal divina.

La conversión de Constantino fue, sin duda, el mejor remedio para que los cristianos dejasen de ser pobres. En primer lugar, empezaron a dejar de ser minoría para empezar a ser mayoría. Y de ser los más pobres, empezaron a disfrutar de un bienestar procedente de las concesiones hechas por el propio emperador.

Las iglesias fueron acumulando tesoros, dinero, y más terrenos para edificar nuevas iglesias en lugar de los templos paganos. Los cristianos ya no tenían miedo a las persecuciones, y no corrían riesgos de ninguna clase. La seguridad y el bienestar que disfrutaban los cristianos fueron dos razones más que suficientes para ir ganándole terreno al paganismo. Pero era fundamental que reinase entre los cristianos la armonía y la concordia, pues Dios había concedido la victoria a Constantino para que pudiera dirigir el Imperio hacia la prosperidad y sobre todo hacia la unidad dentro de la Iglesia.

Reforzar el código moral fue uno de los pilares más sólidos en los que se apoyaron las nuevas leyes. De hecho, el rapto y el parricidio fueron los delitos castigados con la mayor severidad. El rapto como crimen sexual, y el parricidio como crimen moral, recibieron un castigo que en el *Código Teodosiano* aparece descrito con todo lujo de detalles. La nodriza que no ha denunciado el rapto de la joven morirá asfixiada por plomo líquido introducido lentamente en su garganta. El parricida, metido en un saco junto con un gallo, un mono, un perro y una víbora, será arrojado al mar y no tendrá sepultura. En tiempos de Constantino quizás no existiera la palabra sadismo, pero este tipo de castigo serían buen ejemplo para mostrar en qué consiste el sadismo. Y es que además el castigo viene acompañado de literatura adicional. En la ley que describe la pena del saco añade Constantino en atención al culpable: "...para que en vida le falte el aire, y ya muerto esté privado de sepultura"

La crueldad de tales castigos solamente se puede entender como un ansia desesperada de control sobre la comunidad. La mujer, considerada un ser débil y de carácter variable, tenía que ser controlada muy de cerca. El rapto suponía un gran peligro en un momento en el cual no estaba clara la situación con los judíos. Y un rapto de una cristiana a manos de un judío entrañaba un grave riesgo que debía evitarse a toda costa, sobre todo para que su dote no quedase dispersa en manos ajenas.

Constantino encontró una forma segura de control mediante la imposición de un código de conducta sexual porque esta afectaba a todos: hombres, mujeres, y clérigos (a quienes recomienda que se alejen de las mujeres para evitar la tentación que de forma natural e irremediable ejercen las mujeres).

Homosexualidad, pederastia, estupro, violación, rapto, adulterio, todos estos eran crímenes castigados con penas severas por el primer emperador cristiano. En épocas de crisis y de confusión, la imposición de un rígido código sexual-moral sentó una base sólida para fortalecer su posición frente a cualquier otra doctrina.

Inmediatamente después de la batalla del Puente Milvio, Constantino tuvo que hacer frente al cisma surgido en la Iglesia africana motivado por la diversidad de opiniones respecto a la política a seguir con los *traditores*, es decir, los que habían entregado los Libros Sagrados durante las persecuciones. Se han conservado una serie de importantes documentos que permiten seguir el desarrollo de los acontecimientos y conocer cómo Constantino pudo comenzar a intervenir en los asuntos de la Iglesia e iniciar su política de concesión de privilegios eclesiásticos. El tema tiene una gran importancia porque marcó las pautas de lo que será la evolución posterior de la política de Constantino con la Iglesia que continuarán sus sucesores.

Instrumentos de persuasión

Constantino venció con unas armas que ningún emperador había utilizado antes: privilegios legales, y dinero. Ambas armas fueron reforzadas por una tercera que resultó infalible, la retórica, cuyo efecto más inmediato es la persuasión.

Así pues, antes de preguntarnos si fue sincera o no la conversión de Constantino al cristianismo conviene tener muy presente la capacidad de estas tres armas que, con ayuda de un obispo, supo utilizar con exquisita maestría. Nunca antes en la historia se habían obtenido tan suculentos frutos de la sabia combinación de ley, dinero, y palabras.

¿Apoyó Constantino la religión cristiana por razones políticas? Responder afirmativamente a tal pregunta supondría aceptar que Constantino era extraordinariamente inteligente. Por otro lado, los cristianos eran minoría, y pertenecían a las clases más humildes. La aristocracia senatorial era pagana en su mayoría.

Inmediatamente después de la victoria sobre su rival, Constantino escribió tres cartas que demuestran que el emperador concedió a los cristianos algo más que la tolerancia. Una de ellas, dirigida a Ceciliano, obispo de Cartago, y otras dos a Anulino, procónsul de África. En esas cartas Constantino deja muy claras tres cosas:

-que no solamente tolera el cristianismo, sino que apoya a la Iglesia con dinero público.

-que el culto al Dios cristiano es necesario para el bienestar del Imperio.

-que el peligro al que estuvo expuesto el Imperio por culpa de las persecuciones anteriores ha terminado gracias a la religión cristiana.

Para tomar decisiones con respecto a la Iglesia, Constantino siempre escuchó a su consejero, el obispo Osio de Córdoba, su pensador de cabecera. No así para la elección de su fe. El emperador se convirtió al cristianismo no por obra de un misionero, sino por una señal enviada por el mismo Dios. Pero cuando se convirtió no sabía muy bien que el Dios cristiano esperaba (o exigía) exclusividad. Hay quien ha visto un símil entre la conversión de Constantino y un hombre que se casa: emocionado por la boda, el novio no cae en la cuenta de que tendrá que abandonar ciertas amistades de los tiempos anteriores al compromiso nupcial.

El emperador no era consciente de que ofendería a Dios si rendía culto a otros dioses, en particular al *Sol Invictus*, a quien él identificaba en cierto modo con el Dios cristiano. Pero los obispos jamás se atrevieron a darle consejos al emperador si él no los solicitaba. Más bien al contrario, observaban sus errores, pero se callaban. Y Constantino supo llevar muy bien su ambigua dualidad de culto. No legisló de modo tajante prohibiendo los cultos paganos, ni muchísimo menos. Eso hubiera podido hacerlo solo si su convicción religiosa hubiera sido absoluta. Y no lo era, de eso no hay duda.

Los obispos tenían toda su atención puesta en los beneficios que el emperador cristiano concedía generosamente a la Iglesia. Por ejemplo, ordenó que los litigios civiles, con consentimiento de ambas partes, pasaran a estar bajo la jurisdicción de un obispo, incluso cuando hubiesen empezado en la corte imperial, y que la sentencia del obispo fuese inapelable. ¿Somos conscientes de lo que supuso esta medida?

Poco tiempo después, Constantino concedió donaciones a la Iglesia, y permitió que las manumisiones realizadas en la iglesia ante un obispo tuviesen validez legal, de modo que los esclavos que obtuviesen así la libertad se convertirían en ciudadanos romanos.

Prohibió marcar a los esclavos en el rostro, con el razonamiento de que el rostro humano está hecho a semejanza de Dios y no puede ser desfigurada su belleza; en su lugar, permitió que las marcas se hiciesen en las manos o en las piernas. Y por supuesto suprimió la ley de Augusto que castigaba el celibato y penaba a los matrimonios sin hijos (una viuda que no volviera a casarse y no tuviese hijos a quienes dejar su herencia era un caramelo goloso para la iglesia, siempre amable con las viudas). Reivindicó el carácter sagrado del domingo, día dedicado al descanso, en el cual estaba prohibido realizar juicios, negocios, y otro tipo de actividades que no fuese rendir culto a Dios (o al Sol, como revela la etimología del inglés *Sunday,* y alemán *Sonntag*). En domingo permitió, sin embargo, que se pudiese trabajar en el campo si hacía buen tiempo. Y en las iglesias estaba permitido emancipar a los esclavos que lo mereciesen.

En cuanto al divorcio, lo hizo más difícil. Solo permitió que una mujer se divorciase de su marido si el marido era asesino, envenenador, o violador de tumbas; mientras que un marido se podía divorciar si su mujer cometía adulterio, envenenamiento, o frecuentaba un burdel (¿acaso no sabía Constantino que su propia madre había trabajado en un burdel?).

La legislación de Constantino reúne uno de los rasgos más peculiares del Bajo Imperio Romano: la idea de restitución de algo perdido, una vuelta a la tradición romana más auténtica, y a la cual es necesario volver si no se quiere perder el espíritu nacional. El emperador es, en este sentido, la persona que restaura, reintegra, restituye, reforma, y siempre con la mirada puesta en la recuperación de los valores tradicionales. El reinado de Constantino es una época en la que florecen las palabras con el prefijo "re-". Y para reformar con eficacia, es necesario un emperador con mano de hierro. Constantino fue, sin duda, un hombre con el físico adecuado para hacerse respetar. Cuello grueso, cabeza enorme, ojos grandes y saltones, y barbilla prominente. No estaba mal, pero no era suficiente. Era activo, de fuerte carácter y temperamento combativo, pero esto tampoco era suficiente para satisfacer las demandas de un pueblo en crisis. Al emperador le faltaba algo que le hiciera parecer más grande de lo que era: la majestuosidad. Y la corte imperial de Constantino supo adornarse de suntuosidad y solemnidad suficientes para impresionar a los súbditos. Constantino consiguió lo que ningún otro emperador, y fue parecerse a un gigante con poderes sobrenaturales.

La entrada del emperador en la ciudad daba idea de su grandeza. Cuando Constantino iba a entrar en Roma, los senadores salían a la calle para verle, acompañados por sacerdotes, magistrados, comerciantes, bandas de música, y una inmensa multitud. Él iba de pie en una litera o en un carro. Los guardias con armadura de oro o de plata le protegían, llevando estandartes de seda que se agitaban al viento. Los escudos de los soldados iban pintados, el carro pintado y adornado con joyas, lo mismo que el conductor del carro, que lucía joyas y vestido de púrpura hasta los pies. El emperador no podía corresponder a los gritos de la multitud. Así lo mandaba el protocolo. Él se mantenía de pie sin moverse. Y a su paso, la gente aplaudía y gritaba palabras como ¡larga vida!, y similares. El aire olía a incienso.

He aquí la coreografía de la corte del emperador, excelente estrategia para persuadir a los humanos de la divinidad imperial. La ceremonia de entrada, llamada *adventus*, la cual tomó muchos elementos del ceremonial oriental, daba una idea de la grandeza del emperador. El no era como los humanos, estaba por encima de ellos.

Y el primer signo evidente era que siempre ocupaba un lugar más elevado que los demás.

Sea cual fuere el lugar al que viajaba, esperaba al emperador un palacio de tamaño inmenso. Mandó construir palacios en Milán, Aquileia, Nicomedia, Antioquía, y en otros muchos lugares. Todo en ellos alcanzaba proporciones enormes, como correspondía a una residencia de un ser más divino que humano. Puertas gigantescas, pasillos interminables; y en el suelo, un círculo de pórfido para depositar en él sus pies calzados con zapatos de púrpura. En el centro, el trono, también de pórfido y coronado por un palio de cuatro columnas bordado con hilos de seda y perlas preciosas.

Muy pocas personas podían verle. Tras pasar un exhaustivo control que descartara cualquier arma oculta en algún lugar del cuerpo, uno pasaba a un gran salón. Al fondo, a lo lejos, se abría una cortina. Silencio absoluto. El visitante era escoltado hasta una especie de biombo, y hablaba a través de él, sin ver al emperador. Este le respondía. Algunas veces, y como privilegio excepcional, la cortina era retirada muy despacio y el visitante podía avanzar un poco hacia el trono, pero siempre de rodillas, con el fin de que pudiese presentar su petición escrita al emperador, petición que no cogía con su mano contaminada sino con unos pliegues de su túnica.

De toda este ritual surgió un lenguaje eficaz, además de enigmático. Entre el enigma de la persona imperial y la retórica emocional de los obispos se elaboró un código de comunicación entre emperador y súbditos que demostró ser de gran utilidad para ambos.

EL MONSTRUO DE LA ADMINISTRACIÓN

Constantino separó los poderes civiles y los militares, que anteriormente estaban unidos. Los prefectos del pretorio, que en tiempos fueron una especie de primeros ministros y dominaban al emperador, pasaron a ser solamente jefes de la administración de las cuatro prefecturas de Oriente, Iliria, Italia y Galia.

En cuanto a los poderes militares, se nombraron dos altos mandos, el Jefe de la Caballería y el Jefe de la Infantería. Con esta separación, Constantino evitó posibles usurpaciones, pues uno no podía hacer nada sin el otro.

Creó las Escuelas Palatinas, formadas todas por jinetes, las cuales actuaban como una especie de anillo de acero alrededor del trono. Su nombre procede de la antesala del palacio en la cual vivían. Compuestas inicialmente por 25.000 jinetes, los cuales iban vestidos con cotas de malla, montados en corceles cubiertos de joyas, y equipados con todo tipo de abalorios, iban avanzando a cada lado del carro imperial, o vigilaban las puertas de palacio. Los soldados que formaban parte de estas Escuelas Palatinas eran en su mayoría bárbaros.

Al frente de las Escuelas Palatinas estaba el Maestro de los Oficios, un nuevo cargo creado también por Constantino. Además de las Escue-

El Aula Palatina o Basílica de Constantino del año 310 está situada en la ciudad de Tréveris, Alemania. Mide 67 m de largo, 27,5 m de ancho y 30 m de altura y presenta un gran ábside semicircular, que albergaba el trono del emperador romano.

las Palatinas, este Maestro de los Oficios tenía bajo su mando a los Agentes de Asuntos, que venían a ser una policía secreta. Su nombre original, *Agentes in rebus*, deja lugar a todo tipo de imaginación, pues la palabra latina *rebus* puede significar cualquier cosa. Entre los asuntos que ocupaban al Maestro de los Oficios cabe mencionar todo lo relativo a las peticiones al emperador, correspondencia epistolar, y apelaciones. Y era, sobre todo, el responsable de que la corte pudiera trasladarse de un lugar a otro sin dificultad, para lo cual tenía que encontrar acomodo para todos los miembros de la corte. Ingente labor, sin duda.

El séquito del emperador lo formaban unas quinientas personas. A veces, incluso ochocientas. Directamente responsables del gobierno eran muchos menos, pero cada uno tenía a su servicio ayudantes, y a su vez ayudantes de los ayudantes. En los viajes, cada oficial llevaba un trompeta personal y un numeroso servicio doméstico. Además, el equipaje de cada oficial: seis túnicas, seis camisas, dos capas de entretiempo, una capa de invierno, tres mantas, toallas, sandalias diversas, medias, joyas, sábanas, tapices, lámparas, copas, especias, comida, y vino. ¿Cabría todo eso en tres carruajes, o podrían transportarlo unos doce caballos? ¿Sería la comitiva de unos cinco kilómetros? Ese tipo de cálculos (una auténtica pesadilla) le correspondía hacer al Maestro de los Oficios.

Constantino, igual que su padre, estableció su cuartel general en Tréveris, a orillas del Mosela, por su proximidad con la frontera donde el emperador gestionaba sus asuntos más importantes. Ya hacía más de diez años que Tréveris funcionaba como sede central de las operaciones del gobierno. Había incluso una ceca, que abastecía a las tropas del Rin. Había asimismo un gobernador provincial; así como fábricas que confeccionaban los uniformes del séquito imperial, los trajes de la corte, escudos y lanzas. La ciudad y sus alrededores daba cabida a los centenares de funcionarios, y a sus familias y esclavos. Pero trasladar a tanta gente acarreaba problemas logísticos, hasta el punto de que fue necesario construir un inmenso depósito a la orilla del río para guardar las provisiones.

Además de satisfacer las necesidades del día a día, el emperador tenía que viajar con toda la pompa que de su majestuosa persona esperaban los súbditos, de modo que resultase evidente su grandeza y su magnificencia. Por ello, tenía que habitar en espléndidos palacios, y prodigar su riqueza en las ciudades que escogía como sede para su gobierno.

Tréveris tenía el aspecto de un inmenso círculo con más de cien edificios. En el centro, estaba el foro con la residencia oficial del gobernador en un extremo, y en el otro los baños constantinianos, de una extensión mayor que los de cualquier otra ciudad. De hecho, solo la piscina de agua fría medía lo mismo que la catedral, y la sala de ejercicios se convirtió más tarde en una estupenda iglesia. Precisamente fue en uno de estos baños de vapor donde la emperatriz Fausta, esposa de Constantino, fue ahogada por orden de su esposo. Estos baños eran de gran tamaño porque tenían que prestar servicio a todo el personal de la corte.

Tres de los edificios de la parte norte se convirtieron después en la basílica que todavía se conserva hoy.

El interior del palacio estaba decorado con un lujo acorde con la grandiosidad de la corte. Suelo, paredes, techos, columnas, todo estaba revestido de oro, mármol y dibujos con todo tipo de colores, sobre todo el rojo. El conjunto del palacio reunía belleza, esplendor, arte, y riqueza.

En la parte norte de este inmenso complejo estaba el palacio del emperador, de su esposa y sus hijos. Para hacernos idea de su tamaño, diremos que unos años más tarde fue transformado en una doble catedral. Se conserva todavía parte del techo de una de las naves, con frescos de mujeres de la familia real luciendo elaborados peinados y joyas.

Constantino mandó construir un hipódromo inmenso, como corresponde a un emperador que supo hacer de la magnificencia y de la ostentación un arte inimitable. Un anfiteatro con veinte mil asientos nos permite hacernos una idea del pasatiempos favorito de la época.

Para el verano, toda la corte se trasladaba a una villa a las afueras de Tréveris, junto al río Mosela. Esta villa, que tenía cincuenta habitaciones, era casi una reproducción en pequeño del palacio imperial. Sus colores eran más vivos, en consonancia con la estación estival y fantásticas vistas sobre el río. En el centro, por supuesto estaba el trono. Constantino no podía olvidar en ningún momento que él era emperador.

Es una pena que no dispongamos de testimonios personales del propio emperador acerca de sus gustos o preferencias y solamente nos haya llegado su imagen a través de larguísimos y aburridos elogios de sus panegiristas. No es posible que todo en él fuese extraordinario y excelso. Su función como gobernante posiblemente sí lo era. Pero hubiese sido estupendo conocer un poco más de la persona que había detrás de tanta púrpura y de tanto oro.

En cualquier caso, Constantino supo practicar muy bien el principio de que no basta con ser grande. Además, hay que parecerlo. En este sentido, Constantino merece sin duda el apelativo de "visionario" que otros personajes de la historia han recibido. Lo que él creyó ver fue, quizás, algo distinto a lo que en realidad era. Lo que juró haber visto en sueños tal vez no fuera una cruz sino la respuesta oportuna a su búsqueda desesperada en tiempos difíciles para el Imperio. Constantino sabía muy bien que solo una intervención divina sería capaz de resolver el caos político y económico que le tocó afrontar. Impulsado por dos resortes extraordinariamente eficaces (la ambición y la convicción personal de que iba a vencer a su adversario), este emperador se embarcó en una aventura cuyo final jamás habría podido imaginar.

El hecho de ser el primer emperador cristiano le daba ya una identidad que lo diferenciaba de todos sus antecesores. En el aspecto religioso, por lo tanto, Constantino no tuvo rival. Y cuando se quiso dar cuenta del efecto que produjo en los súbditos esa ayuda divina en forma de cruz, ya no había tiempo para dudar, y mucho menos para volver atrás. El cristianismo siguió avanzando a un ritmo que ya no podía parar porque habían empezado a participar en su expansión dos protagonistas geniales, los obispos y las mujeres.

Los obispos supieron hacerse imprescindibles como consejeros de la nueva fe, y tenían ya su espacio en la corte. Las mujeres, por su parte, fueron causa de conflictos para cuya solución era importantísima la intervención de los obispos. La idea del pecado, de la tentación, de la seducción, de la malicia femenina, de la provocación, incluso de la coquetería como vemos reflejado en algunos concilios eclesiásticos, tenía muy preocupados a quienes deseaban, ante todo, la serenidad del emperador y la higiene de las costumbres.

Sanear la moral empezando por la abstinencia fue un revulsivo de un éxito fulminante. Constantino, ayudado por los obispos, encontró un filón de oro en el alma pecaminosa de las mujeres. A él debemos sin duda una función del lenguaje desconocida hasta entonces: la capacidad de convertir en real un cuento. Uno inventa, otro elabora el discurso para contarlo, y el tercero lo cuenta. Un triunvirato perfecto: emperador, obispos, mujeres. Aplicado al primer emperador cristiano, el triunvirato se plasma en el siguiente invento: Constantino se inventa que ha visto en sueños una cruz; su obispo de cabecera explica oficialmente que ha sido revelación divina; y por último, las mujeres se encargan de difundir el cuento que ya no es un cuento sino dogma de fe.

TODOS PAGABAN IMPUESTOS

La fuente principal de la recaudación de impuestos eran los impuestos anuales sobre el beneficio de la propiedad y sobre el rendimiento del suelo. Este impuesto se llamaba *annona*, y obligaba a contribuir a cada uno de los propietarios de terrenos y suelos agrarios, así como a la población rural. Los ciudadanos de Roma y de Constantinopla estaban exentos.

Mientras que los propietarios agrícolas debían proveer a las necesidades del Estado en cuanto a víveres y materias primas, el dinero y los objetos manufacturados habían de ser suministrados por las ciudades y sus habitantes. Los artesanos y los industriales debían pagar un impuesto unitario, y se les exigía además que suministraran al Estado o a las ciudades ciertas cantidades de productos a precios especiales.

Los grandes terratenientes, los senadores, pagaban por sus fincas un impuesto especial en dinero, llamado *collatio glebalis*. Por último, los artesanos, las ciudades y los senadores debían pagar, cada cinco años, el impuesto tradicional de la corona, y otro tributo suplementario cada vez que un nuevo emperador ascendía al trono.

La reorganización de los impuestos no introdujo, por lo demás, cambio alguno en el principio de exacciones obligatorias en caso de necesidad. En tiempo de guerra continuaron, como antes, las rapiñas, y en la larga lista de obligaciones del pueblo siguió figurando el trabajo obligatorio y la prestación de animales de transporte.

El cálculo de los impuestos, que en el siglo IV eran en su mayoría contribuciones en especie, se regía por unidades fiscales: una unidad fiscal era como la parcela de tierra que podía ser trabajada por un hombre. El cálculo se completaba con la suma de parcelas de cultivo, trabajadores y animales de tiro; cada mujer contaba como medio trabajador. Como suplemento extraordinario a los impuestos anuales de la *annona*, se calificaba el impuesto sobre el patrimonio de los senadores, introducido por Constantino; este impuesto había que abonarlo en efectivo.

Otro tipo de impuesto era el del jubileo, también establecido por Constantino. Había que abonarlo cada cinco años, y en cada ascensión al trono, así como en los diversos aniversarios del gobierno. Era obligado pagarlo en oro u otro metal precioso.

Tenían obligación de pagar impuestos todos los comerciantes, los campesinos que vendían sus productos en las ciudades, y también las prostitutas incluidas en las listas.

Este sistema de recaudación de impuestos resultaba simple y eficaz. Permitía al Estado realizar un presupuesto anual tal como lo entendemos actualmente; es decir, calcular las contribuciones y los ingresos fiscales. Todo esto se hacía a través de una organización del territorio en provincias al mando de gobernadores, las cuales pertenecían a una diócesis dirigida por un vicario, que dependía a su vez de una prefectura. El Imperio estaba formado por más de mil quinientas ciudades, organizadas de manera que los contribuyentes cumpliesen verdaderamente con su obligaciones fiscales.

Esta organización, que obedecía al deseo de Constantino de descentralizar la administración, permitía agilizar las gestiones que, debido al precario sistema de transportes, hubiesen resultado imposibles de otra manera.

Sea como fuere, la inflación continuó en los tiempos de Constantino, a pesar de los nuevos impuestos y de la nueva moneda que el emperador introdujo, el *solidus*, una moneda de oro de unos cinco gramos. No se puede negar que Constantino obtuviera éxito en el mismo terreno en el que Diocleciano había fracasado y consiguiera estabilizar aunque fuese por un breve espacio de tiempo la moneda, y hasta cierto punto restablecer la confianza en la economía.

Pero este florecimiento fue efímero. Los impuestos opresivos e inicuos basados en la esclavización de los agricultores en el campo y de los artesanos en la ciudad; la parálisis de la vida económica; la destrucción implacable de la clase más culta y activa del Imperio; la burguesía urbana; la corrupción y la violencia entre los miembros de la administración imperial; todo ello condujo a un estado anímico de resignación, al cual nada benefició la dureza de los castigos impuestos por Constantino en sus leyes, las cuales además de muy numerosas eran repetitivas hasta la saciedad. Cuando una ley se repite tantas veces, suponemos que es porque su eficacia es nula.

El espíritu de la población estaba deprimido. El sentimiento general era que no merecía la pena luchar; valía más someterse y aceptar en silencio las cargas de la vida, con la esperanza de hallar otra mejor más allá de la muerte.

Este estado de ánimo era inevitable, pues todo esfuerzo honrado estaba condenado de antemano al fracaso. Cuanto más producía un individuo con su trabajo, más le quitaba el Estado. Si un campesino conseguía mejorar y aumentar sus tierras, sabía que su destino era ser promovido a la condición de curial; es decir, pasaba a ser un individuo elegible para los puestos del consejo municipal y para las magistraturas: lo cual significaba la esclavitud, la opresión y la ruina. El cargo de curial era el más odiado dentro de la administración. Y pocos escapaban a su yugo infernal.

Así que, ante este panorama, era más conveniente producir solo lo necesario para mantener a la familia y no hacer esfuerzos inútiles para mejorar de posición. El soldado sabía que mientras siguiera siendo soldado y condenara a sus hijos a la misma vida podría vivir relativamente bien; pero sabía también que apenas hubiera intentado romper el círculo que le mantenía tranquilo, su destino era el de ser agregado a la curia.

En momentos de desesperación, individuos aislados pensaban acaso en mejorar de suerte recurriendo a medios también desesperados: el colono y el campesino podían desear ingresar en el ejército o convertirse en bandidos; el soldado, desertar; y el pobre curial, ser cualquier otra cosa. Pero todo era inútil. Si alguno lo conseguía, su situación no mejoraba. En consecuencia, el sentimiento dominante era el de la resignación, y la resignación no ha conducido jamás a la prosperidad y sí ha dado alas al dictador.

El rasgo más notable de la vida económica del periodo final del Imperio romano fue el empobrecimiento progresivo. El comercio decayó no solo a causa de las invasiones bárbaras, sino por la falta de clientes. Los únicos clientes aún posibles eran los miembros de las clases privilegiadas (funcionarios, soldados y grandes terratenientes); y éstos eran provistos de los artículos de primera necesidad bien por el Estado (los sueldos eran pagados en especie), bien por la producción de sus propias fincas. Así pues, el primer ramo comercial que decayó fue precisamente el más importante, esto es, el comercio de los artículos de primera necesidad dentro de cada provincia.

No había posibilidad alguna de desarrollar empresas comerciales de importancia; y apenas alguien lo intentaba comprando buques o estableciendo relaciones comerciales, se convertía en miembro de una de las corporaciones navieras y obligado con ello a trabajar para el Estado, a transportar toda clase de mercancías por su cuenta, o a otorgar al Estado un derecho de prioridad en la venta de sus artículos.

Como la propiedad de la tierra, también el comercio y los transportes pasaron a ser una carga hereditaria que no se podía rehuir.

Las grandes empresas industriales fueron desapareciendo poco a poco. Pero como el Estado las necesitaba, especialmente para el ejército, para la corte y para los funcionarios, varios establecimientos industriales fueron transformados en fábricas del Estado, en las que trabajaba un personal obrero vinculado a su profesión como a una carga hereditaria.

Todo individuo podía ingresar en el servicio militar, pero la legislación contra los desertores muestra que tampoco la profesión militar constituía un privilegio envidiable. El resto de la población urbana, navieros, mercaderes, artesanos y obreros, fueron todos vinculados a su profesión y a su residencia. La única clase privilegiada era la de los propietarios sin trabajo y los mendigos de las ciudades y del campo, cuya asistencia se dejaba a manos de la Iglesia. Estos, por lo menos, eran libres... Libres de morirse de hambre, si querían, o de rebelarse.

La clase de los funcionarios no era hereditaria, por lo menos legalmente. Ser funcionario era un privilegio, y el emperador no hallaba dificultad alguna para reclutar sus agentes entre los hombres mejores del país. Pero esta libertad era limitada. El curial no podía llegar a ser funcionario gubernativo, y si alguno de ellos conseguía infringir esta regla, debía esperar ser devuelto en cualquier momento a su curia. Ni los navieros ni los mercaderes eran elegibles para el grado de funcionario, y mucho menos los campesinos y los proletarios de las ciudades.

La carrera militar era completamente distinta de la civil, y ningún soldado podía ser elegido para un cargo civil. De este modo, por la fuerza de las circunstancias resultó que los funcionarios no podían ser reclutados más que entre las familias de funcionarios, y la clase burocrática pasó a convertirse en una verdadera casta. Lo mismo puede decirse de la nueva aristocracia senatorial. Era esta una aristocracia de servicio, y el ingreso en ella suponía una concesión que los emperadores hacían, con carácter hereditario, a los más altos funcionarios civiles y militares.

Así pues, desde el punto de vista social no hubo nivelación ni equiparación alguna. En el Imperio romano de esta época final la sociedad se hallaba subdividida no en clases, sino en verdaderas castas cerradas y exclusivas. Y era tal la estructura social del Bajo Imperio que más bien parecía un gran sistema de esclavitud en el que nadie tenía plena autonomía.

Los grandes propietarios agrícolas eran esclavos de los emperadores, pero señores de los colonos-siervos que vivían en sus dominios. Los curiales eran esclavos de la administración, que los trataba como tales; pero eran señores no solo de los colonos de sus tierras, sino también de la población de la ciudad y de su territorio, por cuanto repartían y recaudaban los impuestos y vigilaban la ejecución de los trabajos obligatorios.

Los funcionarios y los militares de los distintos grados, aunque gozaban de poder sobre miles de hombres, se hallaban también sometidos a una férrea disciplina de tipo servil, siendo prácticamente esclavos unos de otros y todos de los agentes de la policía secreta. Así pues, la servidumbre general era el carácter distintivo de la época.

Las reformas de Diocleciano y de Constantino dificultaron casi toda actividad económica productiva, pero no impidieron la acumuación de grandes fortunas; por el contrario, más bien la favorecieron, aunque por otros caminos. La base de las nuevas fortunas no fue ya la energía creadora individual, ni el descubrimiento y la explotación de nuevas fuentes de riqueza, ni tampoco el desarrollo de empresas comerciales, industriales y agrícolas; las nuevas fortunas provenían principalmente del aprovechamiento sagaz de una posición privilegiada que permitía defraudar y explotar a un mismo tiempo al Estado y al pueblo.

Los funcionarios públicos se hacían ricos con la inmoralidad y el cohecho. Los miembros del orden senatorial, exentos de las cargas municipales, invertían su botín en fincas rústicas, y utilizaban su influencia en desplazar las cargas tributarias sobre las demás clases, en defraudar directamente al Tesoro y en esclavizar a un número cada vez mayor de trabajadores.

La compra, el arrendamiento, el patronato, el arrendamiento hereditario con la obligación de cultivar el suelo, todas estas posibilidades fueron utilizadas por el orden senatorial para llegar a ser la clase de los grandes terratenientes y para hacer surgir por todo el Imperio inmensos latifundios.

La importancia de la vestimenta

La vestimenta ha sido siempre una especie de código social, que actúa más allá de las palabras. Distinción de clases, categorías profesionales, pertenencia a un grupo, etc. Esto era en la antigüedad, y actualmente sigue siendo la vestimenta un recurso de identidad entre jóvenes y no tan jóvenes.

En época de Constantino, el estatus social se reflejaba en el vestido. Las leyes decían quién podía usar o no cierta prenda, y penaban su uso indebido. El emperador del Bajo Imperio no viste como sus predecesores, que llevaban lo mismo que los senadores. Ahora, se castiga con pena capital vestir con tejidos y colores que son de exclusivo uso imperial.

La púrpura, muy especialmente, es de uso exclusivo del emperador y de alguno de sus miembros. Procedente del Cercano Oriente unos dos mil años a.C., pasó a ser distintivo de la corte. Algunos emperadores anteriores a Constantino habían querido lucirla, pero recibieron críticas por lujo excesivo y ostentación de poder. Diocleciano la recuperó como distintivo imperial. La palabra "púrpura" se convirtió en sinónimo de alta dignidad imperial. Y fueron necesarias algunas leyes que prohibieran el uso de la *sericoblatta*, seda tejida con púrpura roja, puesto que esta en particular estaba reservada a la familia imperial. Usurpar el color rojo y la púrpura podía ser castigado con pena de muerte, por entenderse usurpación de poder. La existencia de leyes prohibiendo el uso de este tejido indica, cuando menos, que hubo personas que lo utilizaban. Pero el hecho de que se repita la misma ley varias veces en el *Código Teodosiano* refleja, posiblemente, que fue inútil su prohibición.

El emperador vestía manto rojo. Debajo, túnica de seda con bordados de oro, ceñida al cuerpo y sujeta por un cinturón también de púrpura. El manto se sujetaba al hombro derecho con un broche de oro y piedras preciosas. Con tal indumentaria la epifanía impresiona más. La diadema del emperador con piedras preciosas brillantes emitía reflejos de su luz divina. Diocleciano introdujo las piedras preciosas también en el calzado. Quería que todo de la cabeza a los pies reflejara destellos de luz.

Otros símbolos imperiales eran el globo y el cetro. El globo era el símbolo del universo sobre el que ejerce su poder, con un águila alada que se posa sobre él. Y el cetro era el bastón de mando, símbolo del triunfo. Por último, casco, espada y lanza completaban los símbolos militares propios del emperador que ostenta el triunfo.

La aparición del emperador impresionaba a quienes tenían el privilegio de estar presentes en sus ceremonias. Se conservan algunos textos que describen tal momento. En especial, su entrada en la sala de sesiones durante el concilio de Nicea:

"Poniéndose todos en pie a una señal, que indicaba la entrada del emperador, avanzó este al fin por en medio, cual celeste mensajero de Dios, reluciendo en una coruscante veste como con centelleos de luz, relumbrando con los fúlgidos rayos de la púrpura, y adornado con el lustre límpido del oro y de las piedras preciosas".

De cuantos elementos constituyen el símbolo del poder imperial sobresale, por excelencia, el trono. Al margen de su tamaño y riqueza, lo que distingue al trono es su elevación sobre todo lo que le rodea. El ámbito real para la ubicación del trono eran los ábsides escalonados que realzaban su elevación y aislamiento. En el *missorium* de Teodosio se puede apreciar la diferencia entre la altura del emperador sentado en su trono y los senadores a una altura inferior.

Entre tanta parafernalia ceremonial, el papel del Senado se vio ligeramente modificado. Lejos estaba ya el viejo Senado de Roma que tenía plena autoridad. Ahora, el Senado de Constantinopla pasó a formar parte de la comitiva del emperador.

EL GRAN PROTAGONISTA: EL OBISPO

Difícil de definir, el obispo es un ser difícil de atrapar en la red. Por ello resulta tan atractiva y original su figura. El obispo tiene un poco de sacerdote, político, jurista, filósofo, y juez. Es lo más peculiar de esta época.

Su influencia sobre el emperador era enorme. Estatus elevado, riqueza familiar, y formación cultural, tres cualidades que hacían de los obispos excelentes candidatos para dirigir la sociedad de su tiempo. El hecho de ser sacerdotes les concedía libertad de acción y prestigio social. La condición de obispo era una especie de unión entre sacerdote y político laico, lo cual le hacía diferente, original y sumamente poderoso. Todo eso, unido a su habilidad en el uso de la palabra, le convirtió en el principal protagonista del siglo IV.

El perfil del obispo perfecto era de origen aristócrata, bien formado en el uso de la retórica, buen político, y sobre todo diplomático. Uno de los gestos que exigía el canon de los buenos modales era resistirse al nombramiento. Era un gesto de buen gusto hacerse rogar por timidez o humildad, aunque encubierta de ambición. Demasiada ambición evidente no es buena, ya que ella genera violencia por mantener el cargo. Así que conviene rechazar el poder, aunque sea aparentemente.

La retórica forma a los nuevos dirigentes de la sociedad. Por eso los obispos se convirtieron en los dirigentes políticos de su tiempo. Los poderosos son para los obispos como las manos, los instrumentos de que se sirven para ejercer su influencia. La capacidad retórica del obispo mediante las epístolas era enorme. El buen orador era una garantía para la ciudad y, por consiguiente, se vio en el obispo a la persona que protege a su comunidad.

En la Roma republicana el prestigio político se alcanzaba mediante el ascenso en la carrera de magistraturas. Ahora, el episcopado equivale a las magistraturas. Desde que Constantino abrió las puertas a todos los obispos en el concilio de Nicea, hubo la sensación de que estos manejaban las palancas del poder hasta niveles muy altos. Saber estar junto al poder sin contaminarse fue lo que sublimó la figura del obispo. El ejemplo más claro del poder del obispo es Ambrosio obispo de Milán. Nunca intentó eclipsar a Teodosio compitiendo con su poder, más bien lo eclipsó censurando los errores y la soberbia del emperador.

Y es que, en los tiempos de los que hablamos aquí, dominar el uso de la palabra era dominar el mundo. El llegar a ser obispo se convierte en un ideal y también en un objetivo muy apetecido, y en una forma de promoción social que compite y supera la posibilidades que ofrecía la carrera política y civil a través de la magistraturas. En las décadas siguientes a Constantino, encontramos algunos casos de campesinos incultos quienes, llevados por la ambición de grandeza y poder, sirvieron primero como eunucos en la corte imperial y después fueron hechos obispos.

Tal fue el *boom* que llegó alcanzar la figura del obispo, que se elaboró una especie de perfil ideal en torno a su origen, función, y carácter. Ello tenía como objetivo liberar al obispo de sus connotaciones políticas y sociales y acercarlo al ideal religioso.

Son conocidas las palabras de Gregorio de Nisa exhortando a los clérigos de Nicomedia sobre los criterios que debían evitar para cubrir la sede vacante de la ciudad:

"Buscar el nacimiento, la riqueza, el brillo mundano entre las cualidades del obispo no es lo que nos prescribe el Apóstol. Si alguna de estas cualidades acompaña de forma espontánea a quienes tienen funciones de dirección, como una sombra que sigue a la realidad, nosotros no las rechazamos. Pero no es este el caso, pues hay cualidades más valiosas".

No olvidemos que el obispo es, ante todo, un sacerdote. Y como tal, heredero y continuador de las tradiciones antiguas; por eso no resultaba fácil imponer en la mente de los hombres una visión espiritualizada del sacerdocio, que además gozaba de un prestigio social como ningún otro cargo público.

"Si alcanzas la condición de gran sacerdote de Apolo te convertirás en un hombre eminente en la ciudad; podrás intervenir de una forma decisiva en las elecciones sacerdotales, controlarás las instancias presentadas a los gobernadores provinciales y las embajadas al emperador, cualquiera que sea su naturaleza y, entre otras ventajas, disfrutarás de riqueza, del liderazgo de la comunidad, de grandes honores y de la más brillante reputación".

Ser obispo, pues, era casi un ideal de vida.

Había dos formas de alcanzar fama y prestigio en el mundo: una, el ejercicio de la política; otra, el de la retórica y la filosofía. Los obispos cristianos supieron servirse para superar el prestigio del político, no solo de la filosofía, sino también de la retórica. Para nosotros que ya estamos acostumbrados a tener acceso a todo tipo de información quizá nos resulte extraño el inmenso poder que llegó a tener el obispo gracias al uso de la palabra, pero el escenario impresionante de la basílica cristiana era un foro extraordinario para ejercer ese poder de persuasión. El obispo es, de hecho, el mejor modelo de diplomacia que ha existido nunca.

El obispo por excelencia en la época de Constantino fue sin duda Osio de Córdoba, y el personaje más influyente en la política religiosa del emperador. Presidió el concilio de Nicea y participó activamente en la controversia arriana como principal defensor, junto a Atanasio de Alejandría, de los postulados de Nicea. A pesar de todo, sabemos poco de su obra escrita. El único escrito que se ha conservado es una carta al emperador Constantino transcrita por Atanasio en Alejandría en su *Historia de los arrianos*. La carta es de la época en que la controversia arriana está en pleno apogeo, después del 355. El emperador Constancio ejercía presiones sobre Osio para que este condenara a Atanasio. Osio, ya centenario, responde al emperador con esta carta en la cual pone de manifiesto la entereza y dignidad que mostró en toda su larga vida.

EL PODER DE LA PALABRA

La palabra era sin duda la mejor arma y la más eficaz. Económica, directa. Quienes hubiesen pasado por la escuela de retórica eran considerados más inteligentes, más refinados, y eso les marcaba para el resto de su vida. La retórica era la reina de las disciplinas. Con ella las personas influyentes discutían cara a cara con sus superiores y con sus iguales.

Política y buena educación retórica estaban relacionados. Los jóvenes aprendían a "limpiar sus lenguas", se preparaban para lo más importante, actuar en público a través de la palabra. Y no solo palabra, sino cortesía y buenas maneras.

El escenario, la basílica. Desde su trono episcopal, la palabra del obispo llegaba a todos. Recursos literarios y retóricos que solamente los obispos conocían, y utilizaban con eficacia en sus sermones, captaban la atención de sus oyentes ávidos de mensajes nuevos. Todo ello, acompañado de coros de vírgenes cantando. Pero el poder de la palabra era tan inmenso porque lo religioso era inseparable de lo político y lo social.

El obispo era elegido por un juicio de Dios que se manifestaba mediante el sufragio del pueblo y su posterior convalidación por el asentimiento de otros obispos que le ligaba a la Iglesia universal en la comunidad de Dios. Ello significaba asumir una magistratura perpetua que hacía de él un jefe único y vitalicio de su comunidad. En definitiva, el suyo era un poder sagrado y monárquico muy similar al del emperador.

El obispo fue partícipe de la autoridad imperial, intermediario eficaz entre la divinidad y los humanos, entre el emperador y los súbditos. Considerado sabio por su experto uso de la palabra, el obispo trajo un nuevo significado a la palabra "culpa" no conocido hasta entonces. No se trataba ya de la culpa que se debe pagar con un castigo impuesto por la ley, sino una culpa que solo se puede expiar con una sanción sobrenatural. Los obispos trajeron un nuevo concepto de la ira de Dios y de su piedad inconmensurable a través del arrepentimiento y las buenas obras.

La voluntad del emperador de escuchar al obispo, y la necesidad de contar con su consejo, trajo efectivamente una nueva forma de poder. Lo que está claro es que un lenguaje que fue capaz de convertir una religión minoritaria en religión universal merece como mínimo un respeto. Un respeto que fue transformándose con el tiempo en un verdadero mito.

En la tradición bizantina posterior a Constantino se gestó el mito de EL EMPERADOR, con mayúsculas y sin apelativos, en referencia al primer emperador cristiano cuyos méritos fueron reconocidos universalmente, hasta el punto de que algunos cambiaron su propio nombre o el de sus hijos para adoptar el de Constantino. Leo V cambió el nombre de su hijo mayor por el de Constantino; y también lo hizo Basilio I.

Fuese o no considerado por algunos como usurpador por haber alterado las bases de la Tetrarquía de Diocleciano que rechazaba la sucesión hereditaria, lo cierto es que Constantino se ganó la admiración de sus sucesores como el prototipo de líder imperial, punto de referencia indiscutible, y como símbolo de identidad del Imperio.

Un nuevo invitado: la culpabilidad

Constantino ganó la batalla de 324 como un libertador: salvó Oriente del gobierno opresor, y a los cristianos de Oriente los rescató de la persecución. En cuanto llegó a Nicomedia, cumplió las promesas que había hecho. Como nuevo amo de Oriente, anuló las leyes de su adversario Licinio ahora derrotado, sustituyéndolas con sus nuevas leyes.

Constantino envió dos cartas muy importantes a los habitantes de las provincias de Oriente. Una de ellas iba dirigida a las iglesias, y la otra iba dirigida a las personas que no pertenecían a ninguna iglesia.

Las cartas empezaban diciendo que el poder de Dios había dado siempre prosperidad a quienes habían manifestado su fe en la religión cristiana. Y quienes habían perseguido a los cristianos pagaron ya por su crimen. Con ello dejaba claro que Dios escogió a Constantino como su representante en la tierra, y que quienes siguieran sus mandatos vivirían en la prosperidad del Imperio.

El nuevo emperador devuelve las tierras a sus antiguos dueños, libera a los clérigos de sus obligaciones curiales, y libera del exilio a los cristianos que habían sido deportados a islas desiertas. Si de algunas tierras o propiedades no se conocía su dueño, inmediatamente pasaban a ser propiedad de la Iglesia. El emperador ordenó a los paganos que entregasen enseguida los bienes, casas, jardines, y todo lo que hubieran confiscado anteriormente a los cristianos y calcularan los beneficios que habían producido. Amenazó con castigar severamente a quienes se negaran a cumplir sus órdenes.

Mandó eliminar a los hombres de Licinio, sin celebración de juicio alguno. Quería dejar claro que todo lo que tuviera algo que ver con el paganismo merecía poco respeto. Prohibió levantar estatuas de culto pagano y consultar los oráculos, y por supuesto todo tipo de adivinación quedó rigurosamente prohibido, así como la celebración de sacrificios.

Un cambio tan absoluto y tan repentino sorprendió a los paganos, que escribieron algunas cartas al emperador protestando por tales prohibiciones. Pero Constantino contestó furioso que el paganismo era un templo de falsedad, y con eso zanjó la cuestión.

Sin embargo, a continuación reconoce que los emperadores que persiguieron a los cristianos están ya pudriéndose en el infierno, y que por lo tanto su mayor deseo es que ahora todos puedan vivir en paz. Manifiesta que los paganos tienen derecho a vivir en paz, con lo cual despierta la tentación de que ellos también deseen hacerse cristianos. Declara públicamente que a partir de ahora tolerará a los paganos por una sola razón, porque eliminarlos provocaría rebelión y desorden público.

Constantino da a conocer abiertamente cuál va a ser su política a partir de este momento. El cristianismo es la religión del emperador, y los cristianos pueden estar seguros de que recibirán un trato preferente. Los paganos pueden conservar sus templos, pero los sacrificios y ritos de adivinación quedan prohibidos.

En muchos asuntos, Constantino mostró cierta cautela que parecía ser una actitud de tolerancia religiosa. En Italia y en Oriente, donde él había sido emperador mucho antes de la fecha de 324, no hizo serios intentos de prohibir los sacrificios paganos. Sabía que no podía decepcionar a quienes en su día le apoyaron con su lealtad, fuera cual fuera su religión. Así que cedió en algunas cosas, y llegó incluso a pagar el viaje a un sacerdote de los misterios eleusinos que visitó la tumba de los reyes en Tebas, Egipto. Asimismo, recibió a un filósofo pagano en palacio, y saludó a un sacerdote de Apolo en Delfos que mostró su respeto a la casa del emperador.

En cualquiera caso, ninguno de estos gestos significaba tolerancia hacia los cultos paganos. Constantino permitió que siguieran con sus ritos, incluso que construyeran nuevos edificios. Pero les permitió adorar a sus dioses solamente en el sentido cristiano de la palabra, no en la forma aplicada tradicionalmente. Dejó bien clara su política religiosa cuando respondió a una petición solicitándole permiso para construir un templo de la familia Flavia. Constantino respondió afirmativamente, pero especificó que el santuario dedicado a la familia imperial no estuviera nunca manchado por supersticiones contagiosas.

A partir de 324 Constantino mostró abierta oposición a todo tipo de manifestación religiosa que recordara las prácticas grecorromanas. El cristianismo era ahora la religión del emperador, de modo que el paganismo tendría que adaptarse a las exigencias de la nueva religión. Y esta medida no se quedó en simple obligación sino que vino acompañada de una argumentación infalible: quienes la incumplieran ponían en peligro la salud del Estado. Es decir, serían culpables no solo por desobedecer la orden imperial sino por arriesgar la paz del Imperio.

La culpabilidad fue, sin duda, un sentimiento nuevo que entró de la mano del cristianismo. Y no vino sola. Trajo con ella el miedo, la inseguridad, el temor de provocar la ira de Dios personificada en la figura del emperador. Cualquier atisbo de ambigüedad que hubiese en las acciones del emperador quedaba diluida por ese temor, que se transformaba en obediencia.

Constantino demostró su victoria sobre Licinio fundando una nueva ciudad como capital del Imperio. Este gesto, aunque pareciese un gesto simbólico, tenía una dimensión política. La nueva capital sería una ciudad cristiana en la cual los emperadores cristianos podrían tener su corte alejada de ritos provenientes de otras religiones.

El 8 de noviembre de 324 Constantino invistió a su hijo Constancio con la púrpura imperial y marcó de manera formal el perímetro de la nueva ciudad. El emperador la llamó Nueva Roma, aunque muchos preferían llamarla Constantinopla en honor a su fundador.

Tanto la aceptación del cristianismo por parte de Constantino como su fundación de una nueva capital tuvo un efecto importante en la estructura de la religión. Entre otras cosas, Constantino consideraba que su deber como emperador era ayudar a definir lo que tenían que ser las creencias cristianas correctas.

No tenía dudas de su cualificación personal para intervenir en asuntos de teología. Ni se le ocurrió pensar que no reuniera las condiciones necesarias para decidir con respecto a sutiles cuestiones teológicas. No dejaba que nadie olvidase que él se había convertido por iluminación divina. Así que nadie tenía derecho a poner en duda su capacidad para asuntos metafísicos.

Constantino tenía muy claro que la verdadera religión era ortodoxa. Las otras variedades del cristianismo eran herejías (palabra griega que, precisamente, significa "elección"), y por tanto eran falsas porque permitían a cada cual elegir sus propios ritos. Curiosa contradicción para el arranque de la que iba a ser religión universal.

Seguirían existiendo riñas y disputas mientras no hubiese un árbitro que zanjase las discusiones entre las sectas. Todas las sectas apelaron al emperador, con la esperanza de convencerle de su propia verdad. Así que todas las sectas se doblegaron ante la idea de que el emperador era la cabeza de la Iglesia, lo cual recibió el nombre de cesaropapismo: el control del emperador sobre la Iglesia.

Se desató la controversia entre arrianos y atanasianos, esto es, los partidarios de Arrio y los partidarios de Atanasio. Los arrianos creían que Dios era supremo y que Jesús era inferior a Dios. Los atanasianos defendían que Dios, Jesús y el Espíritu Santo eran aspectos diferentes e iguales de la Trinidad.

Para resolver la disputa, Constantino decidió convocar un concilio de obispos para discutir el problema. Él lo presidiría y tomaría la decisión final. Fue este el primer concilio ecuménico, es decir, universal. Tuvo lugar en Nicea, a unos treinta kilómetros al sur de Nicomedia, entonces capital del Imperio de Oriente. Unos años antes había celebrado otro concilio en Arles, pero no ecuménico; su objetivo había sido solucionar los problemas provocados por el cisma donatista en Africa.

El concilio de Nicea tenía como objeto traer la unidad a la Iglesia, la cual estaba siendo víctima de divisiones internas que debían resolverse urgentemente. Constantino se dirigió a los obispos lamentando que un cisma dentro de la Iglesia era peor que una guerra civil. ¿Podría el demonio mancillar la pureza de la Iglesia cuando ya los perseguidores de la fe cristiana habían desaparecido? Era, pues, necesario restablecer la armonía en el seno de la iglesia cristiana. En cuanto el emperador hubo terminado de pronunciar sus duras palabras, se acercaron a él algunos obispos para entregarle por escrito sus puntos de vista particulares. Constantino cogió los escritos, y luego los quemó. Reprochó a tales obispos que interfirieran en los asuntos de Dios. Y entonces empezó el debate.

El obispo Osio de Córdoba presidió el concilio. Constantino estaba sentado lejos de los obispos, pero lo suficientemente cerca para participar en las discusiones. Es una lástima que no se registrara cuanto allí se dijo, pues no hay manera de saber lo que ocurrió exactamente en aquella sesión que duró mucho más de lo previsto.

Los asuntos que se trataron fueron muchos. Se empezó por los más graves relacionados con los cismas y enfrentamientos dentro de la Iglesia.

El emperador decidió a favor de Atanasio y la Trinidad. Por lo tanto, su doctrina se convirtió oficialmente en la doctrina de la Iglesia, es decir, de la Iglesia Católica (palabra griega que significa "universal"). Pero se trataron otros temas, como la apostasía, la penitencia, la prohibición al clero de prestar dinero con interés, y de la convivencia de clérigos con mujeres en la misma casa a menos que fuesen de la propia familia.

En la primavera de 328 Constantino dejó Nicomedia. Pasó un tiempo cerca del Danubio. Y en septiembre marchó a Trier. Durante el otoño dirigió una campaña contra los germanos, a los que derrotó. El 1 de enero de 329, asumió el nuevo consulado junto con su hijo. Augusto y César estaban ahora juntos disfrutando del apoyo incondicional de todos. Pronto se marchó Constantino, y dejó a su hijo en palacio acompañado de sus consejeros, que pondrían especial cuidado en que el César no se apartase de la línea política de su padre.

Después de Constantino, el crecimiento de la nueva religión fue indiscutible. Y no se puede negar que su origen fue una profecía.

Teniendo en cuenta el precario sistema de comunicaciones de la época, merece especial atención el tipo de discurso que generó la nueva religión como discurso totalizador.

El éxito del cristianismo hay que verlo en su capacidad de organizar un plan de vida moral que fue penetrando lentamente en las distintas comunidades. El éxito se apoya en tres pilares:

- Código moral: a través de las vidas de santos y cánones eclesiásticos

- Código ritual, por medio de iconos y cruces que subliman aquello que está ausente.

- Código verbal, mediante los sermones y tratados retóricos.

La combinación de los tres penetró de forma impecable en la sensibilidad de los fieles. Conceptos como caridad, bondad, piedad operaron mágicamente en los corazones de quienes antes nunca oyeron hablar de tales vocablos.

Para comprender la enorme importancia que tuvo la creación de un nuevo discurso cristiano, pongamos como ejemplo la imagen de Prometeo mordido por el buitre y de Saturno devorando a su hijo. Y por otro lado, Cristo en la cruz coronado de espinas. ¿Qué diferencia hay entre ambas imágenes? La piedad, sentimiento de conmiseración cristiano, mientras que el paganismo transmitía ira y venganza en la representación de sus mitos.

El cristianismo no transmite odio ni venganza en sus imágenes. La diferencia entre Cristo y Prometeo es que nadie lloró por el dolor de este titán cuando, encadenado a una roca, fue castigado por Zeus a sufrir la visita diaria de un buitre que le devoraba el hígado sin remedio. El sufrimiento de Cristo, sin embargo, fue llorado por una mujer, y por muchos miles de hombres y mujeres.

Esta idea del sufrimiento es lo que dio a la conversión del emperador su máximo significado. La conversión en sí misma poco hubiese dado de sí, si tras ella no se hubiese elaborado toda una retórica visual que llegaba al corazón. Sin discurso propio, sin propaganda emocional, el cristianismo no habría llegado a ser lo que fue.

El sobrino de Constantino, Juliano, a quien la historia se ha empeñado en llamarlo El Apóstata por intentar deshacer todo cuanto hizo su tío, describió a Constantino como innovador y destructor de las leyes anteriores de larga tradición. Hubo, ciertamente, quien le hicieron responsable de introducir en el Derecho Romano costumbres cristianas y orientales.

Lo cierto es que, siendo Constantino el emperador que más tiempo se mantuvo en el poder desde Augusto, bien pudo ejercer su influencia en el sistema legislativo vigente. Aprobó nada menos que 330 leyes, de las cuales un veinticinco por ciento tratan de las relaciones familiares y sexuales.

CONSTANTINOPLA, LA CIUDAD DE CONSTANTINO

El placer que sintió Constantino después de derrotar a Licinio en Oriente se tradujo en una ambición: fundar una nueva Roma que llevara su nombre. En principio no pensó en Bizancio como capital del nuevo Imperio, sino que consideró la posibilidad de otros lugares, por ejemplo Sárdica (en Bulgaria), y Tesalónica, aunque su primera opción fue la vieja Troya, la ciudad que los griegos habían destruido quince siglos antes y que Homero había venerado en el poema épico más famoso de todos los tiempos, *La Ilíada*.

Al final, prevaleció la consideración práctica sobre la romántica. La posición de Troya en el extremo de los estrechos que daba al mar Egeo no era tan fuerte como la de Bizancio en el extremo que daba al mar Negro. La ciudad quedaba justo a medio camino entre las fronteras más amenazadas: por los godos en el Danubio, y por los persas en el Éufrates. Con unas murallas resistentes, un gran ejército y una flota eficaz a disposición de Constantino, Bizancio sería un bastión inexpugnable en el caso de que todo lo demás se derrumbara.

Así que Constantino comenzó a hacer algo nuevo de la antigua Bizancio, que debe su nombre tal vez a los gigantes míticos Byzas y Antes. A lo largo de toda su extensa historia, Bizancio había sido a lo sumo una ciudad comercial próspera, pero no se había distinguido en otro aspecto. Nunca fue un centro de arte ni de erudición, no se había destacado en la guerra, ni dio nombres de especial importancia.

Pero Constantino se apoderó de ella y la cambió casi por completo, pues Septimio Severo la había reconstruido en parte después de resultar gravemente dañada por las guerras civiles. Constantino destruyó lo que había, y comenzó desde el principio. Señaló con una lanza una zona mucho mayor para amurallar y se propuso construir una imitación de Roma, pues su intención era nada menos que imitar la vieja Roma. Incluso se aseguró de que su construcción se hiciera sobre siete colinas igual que Roma.

Empezó a construir edificios importantes siguiendo un modelo romano: un foro, un senado y un palacio. Una victoria tan importante necesitaba verse reflejada en suntuosos edificios, lujosos palacios, y un enclave geográfico excepcional. Todo eso sería posible en la nueva Roma, como pensó llamar Constantino a la nueva capital. Después, pensándolo mejor, le sedujo la idea de que llevara su propio nombre.

Quiso que su ciudad tuviera el encanto de lo viejo y se apropió de estatuas y cuadros de otros lugares, robando lo mejor del Imperio para poder embellecer su capital. Para quienes quisieron colaborar aportando estatuas y otras cosas útiles, cambió el significado de una palabra que todos conocían bien. El pillaje, si era en beneficio de la nueva urbe, pasó a significar colaboración para la causa del Imperio, y se dio la bienvenida a todos los tesoros que unos quitaban de un sitio para colocar en otro. En este aspecto Constantino no fue ni pagano ni cristiano, pues ofendió a ambas religiones al llevarse las estatuas de los dioses hacia otra ciudad.

Los teatros, los baños, las iglesias, los embalses, los graneros, las casas de la aristocracia, todo fue construido a base de trabajo forzado. Era importante construir las casas para los aristócratas imitando las de Roma, a fin de convencer a sus nobles propietarios para que se trasladasen a la nueva capital. Constantino quería poblar su nueva ciudad con ciudadanos dignos de tal categoría.

Ofreció alicientes a los nuevos pobladores. Constantino tenía la intención de trasladar allí su corte imperial, y todos los que deseaban una posición pública, todos los que querían escalar socialmente llegaron en tropel a la nueva ciudad.

Se colocó solemnemente la primera piedra de las murallas el 4 de noviembre del año 326, cuando el sol se hallaba bajo el signo de Sagitario pero Cáncer dominaba la hora. Poco antes había dado orden de matar a su hijo Crispo y a su esposa Fausta. Mandó llamar a un famoso astrónomo para que estudiara el horóscopo de la ciudad. El astrónomo pronosticó para ella una existencia de 696 años (obviamente se quedó corto).

Constantino escogió para inaugurar su nueva Roma una fecha significativa, el 11 de mayo de 330, que era la fecha del festival de San Mocio, un mártir de Bizancio que murió por orden de Diocleciano, y a quien tal vez Constantino conociera en su juventud.

La nueva ciudad fue dedicada al Dios de los mártires. Desde el principio el emperador levantó numerosas iglesias y encargó a Eusebio de Cesarea que trajera cincuenta copias de la Biblia para usar en las celebraciones. Las fuentes y edificios públicos mostraban arte cristiano por doquier. En lugar de figuras mitológicas, se pusieron imágenes del Buen Pastor, de Daniel en la guarida del león, y otras alusiones bíblicas.

Constantinopla se convirtió inmediatamente en la capital del Imperio de Oriente y en uno de los centros culturales más importantes del mundo griego. Incluso los intelectuales paganos sentían curiosidad por conocer la nueva ciudad, a pesar de su ostentosa muestra de condición cristiana.

El emperador dio a los habitantes de su nueva urbe privilegios apropiados a su estatus como capital de Oriente. Creó un Senado de Constantinopla, cuyos miembros detentaban la misma autoridad que los senadores de Roma.

Dos años más tarde, Constantino distribuyó grano de forma gratuita. Las cosechas de Egipto que antes se transportaban a Italia fueron desviadas a Oriente. Construyó un hipódromo a continuación del palacio. Y los espectáculos que en él se celebraban no eran escandalosamente paganos. Los espectadores de las carreras de caballos tuvieron la oportunidad de aplaudir a su emperador benefactor como emperador cristiano. Un emperador que, por otro lado, no tuvo ningún reparo en cortar la cabeza de una estatua colosal de Apolo que estaba situada a la entrada del foro y sustituirla por la suya propia. Hay quien dice que lo hizo para no ofender la sensibilidad de los cristianos que ya no querían ver estatuas de dioses paganos. Y en lugar de retirar la estatua, colocó en ella su propia cabeza.

Además de estatuas de dioses, mandó traer de Roma muchas estatuas de emperadores, sin duda para contrarrestar el poder de quienes ya no lo ejercían con el poder divino y universal que ahora detentaba el primer emperador cristiano. La arquitectura se hallaba en crisis; de modo que, cuando ya no fueron suficientes para adornar nuevos edificios las estatuas que se habían robado de otros edificios, fue necesaria la presencia de nuevos artistas. Para incentivar su llegada, les ofreció privilegios fiscales. Y de este modo, acudieron artistas y constructores a levantar suntuosos edificios en la capital oriental. Entre sus construcciones destacan magníficas iglesias, que, no obstante, no consiguieron eclipsar el esplendor de templos paganos que había en la ciudad.

Unos días antes de la consagración de la nueva capital, un filósofo pagano se presentó ante el emperador y le imprecó: "No te levantes por encima de los antepasados porque hayas echado a tierra a los antepasados". Constantino le ordenó que abandonara sus prédicas paganas; pero el filósofo gritó que quería morir por los antepasados, y fue decapitado. Pronto dejó claro el emperador cristiano que los filósofos resultan molestos a veces, y es mejor eliminarlos.

La organización administrativa de la nueva urbe se hizo de modo progresivo. Constantino transformó la Asamblea de Bizancio en Senado de Constantinopla, formado por seiscientos senadores. A los dos años de su fundación, la ciudad recibió una provisión de trigo de unas ochenta mil raciones, lo cual permite calcular la población en unos trescientos mil habitantes.

Constantino no descuidó Roma, ni muchísimo menos; de hecho, en Roma inició sus primeras grandes construcciones cristianas. La memoria de San Pedro quedó inmortalizada en el Vaticano desde hacía tiempo. A su alrededor, Constantino mandó edificar una basílica gigantesca.

La iglesia de Letrán, que había sido construida en 324, fue mandada redecorar con nuevas lámparas y mobiliario litúrgico por un valor aproximado de 350 kilos de oro. El palacio de Letrán, anteriormente propiedad de Fausta, la esposa del emperador a la que él mandó matar, fue donado por Constantino a la Iglesia de Roma (o eso se dijo al menos). Después se convirtió en residencia de los obispos y de sus ayudantes.

Bajo el reinado de Constantino fue cuando Letrán pasó a ser el corazón de la Iglesia romana. Por esta razón se le ha llamado hasta ahora la catedral del obispo de Roma. Todo cuanto mandó construir el emperador alcanzaba dimensiones gigantescas; con ello quiso inmortalizar la magnificencia de la corte.

En Constantinopla, las primeras basílicas cristianas fueron construidas bajo la protección de abstracciones divinizadas: Santa Sofía (en griego *Sophia* significa "sabiduría"), junto al palacio y junto al hipódromo; debajo de lo que es ahora Santa Sofía hubo antiguamente un templo de Apolo. Y la basílica de la Paz (llamada Santa Irene, del griego *Eiréne*, que significa "paz"). También mandó construir la iglesia de los Santos Apóstoles, que sobresalió por la enorme cantidad de oro utilizada en su decoración, pero de esta iglesia no queda nada.

A pesar de que el nombre de la vieja Bizancio nunca dejó de existir, el nuevo nombre de "la ciudad de Constantino" perduró más de un milenio. Actualmente, pocos llaman a esta ciudad con el nombre de Constantinopla (los griegos la siguen llamando así); en la mayoría de países europeos la llaman Estambul. En cualquier caso, ambos son de origen griego (Estambul es la evolución del griego *eis ten polin* "hacia la capital", y Constantinopla es "la ciudad de Constantino").

Constantino sabía bien lo que hacía al fijarse en este lugar para fundar su nueva ciudad. No solamente fue su privilegiada situación geográfica lo que despertó el interés del emperador, ni la facilidad con que llegaría el trigo de Egipto con que alimentar a miles de personas. Constantinopla era mucho más. Era el punto donde se cruzan los caminos de la Historia.

En el año 337 murió Constantino en la fe arriana. En la iglesia de los Santos Apóstoles de Constantinopla fue enterrado por su hijo Constancio bajo una cúpula, sobre la que se erigió no la cruz sino un signo en forma de estrella; en torno al sarcófago de pórfido fueron colocadas doce urnas con reliquias de los doce apóstoles. Esto demuestra que Constancio II se había identificado también con la teología política de Eusebio de Cesarea, que tan pronto caería en el olvido. De los tres hijos que dejó Constantino, fue sin duda Constancio II el que asumió el poder con mano inflexible y convencido de que lograría imponer la ley. Su implacable policía estatal vigilaba a los funcionarios y comandantes del ejército. Su situación financiera era excelente, pero no tuvo compasión en la recaudación de impuestos. Emprendió grandes obras públicas y construyó espléndidas basílicas. Pero nadie quería al emperador. Su dureza de corazón despertó el rechazo en los ciudadanos.

Constancio II y su hermano Constante tuvieron graves enfrentamientos producidos por su distinta política religiosa. Constancio II reinaba sobre una población de mayoría cristiana, que seguía las doctrinas de Arrio. Constante seguía un comportamiento ortodoxo; y si las dos partes del Imperio no llegaron a separarse definitivamente fue porque ambos hermanos no dejaron que la crisis llegara a sus últimas consecuencias. Pero sus intentos de acercamiento fracasaron. Hasta que, de repente, un oficial de origen bárbaro llamado Magnencio desencadenó una gigantesca insurrección. Constante fue expulsado de la Galia y ejecutado inmediatamente. El poder de occidente caía ahora en manos del usurpador Magnencio, que con su excelente ambigüedad retórica trató de convencer al Senado y al mismo tiempo a los seguidores de Atanasio para que se unieran a su causa. Constancio le presentó batalla, y venció al usurpador. Así, Constancio II quedó convertido en el único soberano del Imperio.

Constancio II quiso proseguir la obra de su padre, organizando una potente monarquía; los césares serían los herederos al trono, pero estarían subordinados al único soberano del Imperio y ejecutarían sus órdenes. Provistos del título de césares, los sobrinos de Constancio, Constancio

Galo y Claudio Juliano, recibieron el mando en las provincias. El primero duró poco tiempo en su cargo, pues al intentar propasarse en sus funciones fue ajusticiado por el emperador. En cuanto a Juliano, fue mucho más hábil y trató de captar la simpatía popular reduciendo impuestos, como primera y eficaz medida.

27

Juliano el apóstata, el emperador incomprendido

Apenas tuvo el Imperio a dos emperadores cristianos cuando de nuevo se produjo una vuelta al paganismo. Los cristianos eran mayoría en Oriente, pero en Occidente las raíces cristianas eran todavía muy débiles. Juliano, sobrino de Constantino, se educó lejos de la corte imperial después del asesinato de toda su familia en 337. Como protegido del obispo Eusebio de Nicomedia, el joven príncipe recibió una educación cristiana austera y rígida. De ella le quedó grabado el poder del aparato eclesiástico con su jerarquía y sus ceremonias, pero también las debilidades de una iglesia desunida.

Juliano era un joven reservado e introvertido, que empezó a frecuentar los santuarios de misterios paganos y las aulas de la Universidad de Atenas. Fue entonces cuando Constancio lo llamó y lo puso al frente de las tropas, atemorizadas por las incursiones de las tribus germánicas. Su brillante actuación le dio una fama inmediata, que acabó en su reconocimiento con futuro soberano.

El primer objetivo de Juliano fue convertir la corte de Constantinopla en el centro desde el que el emperador pudiera regir al mundo como sacerdote y profeta de Zeus y también como filósofo. Enemigo del lujo y fanático de la economía, Juliano se entregó a una vida sencilla y austera. Despidió a los eunucos que, según él, eran tan molestos como las moscas en verano. Y redujo considerablemente el número de policías. Devolvió a los paganos todos los bienes que les habían sido incautados, y volvió a construir los templos destruidos por Constantino. Su primera medida para derrotar a los obispos, a quienes consideró siempre muy ignorantes, fue sin duda revolucionaria; Juliano sabía que la teología cristiana había nacido del contacto con la filosofía griega. Por ello, prohibió a los maestros de retórica cristianos enseñar a Homero, y les permitió únicamente apoyar sus enseñanzas en la interpretación de los textos bíblicos. Esta medida fue calificada de despiadada, pero Juliano trataba con ella de aislar a los cristianos en un mundo aparte, con esta especie de segregación moral. Su finalidad era que los cristianos fuesen vistos como personas raras y poco convenientes para desempeñar cargos públicos, mientras que los paganos iban adquiriendo protagonismo en una sociedad cada vez más organizada.

Los cristianos se burlaban de las acciones emprendidas por su emperador extravagante tanto por sus ideas como por su aspecto (se reían de su barba inmensa). El objetivo de Juliano de establecer una perfecta jerarquía del sacerdocio pagano no llegó a término. Partió hacia la guerra, para enfrentarse contra los persas. En el caluroso verano del 363, Juliano cayó herido en plena batalla. Antes de expirar, pudo exclamar: "¡Venciste, galileo!".Y así murió, dirigiendo sus últimas palabras a Cristo. Tenía treinta y dos años de edad. A pesar de haber permanecido escasamente dos años en el trono, conocemos muchísimo de la personalidad de Juliano gracias a los numerosos escritos que dejó. Por otra parte, los cristianos explotaron en sus cartas y panegíricos la figura de Juliano, porque representaba la derrota del paganismo.

28

De Valentiniano a Graciano, la defensa del imperio

Cuando murió Juliano, el ejército romano se retiró ante los persas. Como sucesor se eligió a Joviano, quien apenas pudo ejercer el mando porque apareció muerto en su tienda de campaña a los pocos días de ser nombrado emperador. Valentiniano y su hermano Valente fueron elegidos inmediatamente como nuevos emperadores.

Ambos hermanos eran cristianos, pero también supersticiosos, desconfiados y crueles. Al principio gobernaron juntos, pero en cuanto se separaron en Sirmio (cerca de Belgrado) ya no se vieron jamás. Gobernó cada cual según su criterio, haciendo evidente la separación definitiva de las dos partes del Imperio. Se habían instalado hacía muchos años en las orillas del Rin los alamanes (de ahí procede el nombre de Alemania), quienes no cesaban en su empeño de entrar en la Galia y en Britania. Un general romano cristiano de Galicia, llamado Teodosio, aseguró la paz en Britania y derrotó a los pictos de Escocia y liberó Londres de los sajones. Pero las invasiones no cesaban, y todos los rincones del Imperio se vieron amenazados por enemigos nuevos; los godos, los ostrogodos y los visigodos eran terribles peligros desde lo alto del Danubio. La guerra contra los persas seguía siendo la eterna amenaza para los romanos. El Imperio Romano sufrió unos años de ataques y de confusión sin límite, que se vieron culminados con la fatal derrota en agosto del 378. En la batalla de Adrianópolis, Valente perdió la vida. Desde entonces, los godos permanecieron para siempre en el Imperio. Valentiniano proclamó augusto a su hijo Graciano, que solo contaba ocho años. Educado por el poeta y erudito Ausonio, el joven Graciano sucumbió muy pronto a las influencias del lado católico; con el paso del tiempo, se convirtió en brazo secular de la Iglesia y desterró a los obispos condenados por los concilios. Cuando volvió a Milán, condenó a todas las iglesias heréticas y prohibió su propaganda. Mandó destruir el altar levantado en la curia ante la estatua de la diosa Victoria, sobre la que los senadores acostumbraban a ofrendar incienso antes de iniciarse las sesiones del Senado, y fueron suprimidos los colegios sacerdotales. Quedó absolutamente roto todo lazo de unión entre el paganismo y el Estado.

Mientras tanto, el Imperio se tuvo que enfrentar al mayor azote de su historia: la invasión de los godos. Graciano reaccionó ante este peligro concediendo a los ostrogodos los territorios de Panonia, donde los bárbaros debían construir un Estado autónomo dentro del marco del Imperio. Entra en escena en este complicado momento Teodosio, hijo del general cristiano que derrotó a los mauritanos. La aristocracia de Occidente puso en él toda su confianza. Elevado a augusto por Graciano, el joven Teodosio tuvo que emprender una dura batalla contra los godos primero, y contra los hunos más tarde.

29

Teodosio,
el emperador monarca

En medio de ardientes disputas teológicas en torno a la Trinidad, Teodosio promulgó en el año 380 el famoso edicto con el cual obligaba a todos a profesar la fe del obispo de Roma. Otro edicto ordenaba a los arrianos entregar sus iglesias a los ortodoxos y abandonar las ciudades. Atrás quedaba la tolerancia religiosa con la cual Constantino permitía a cada cual practicar su religión. El gran concilio de Teodosio celebrado en Constantinopla el año 381 pretendía un doble objetivo: definir el símbolo de fe de Nicea, y organizar las provincias eclesiásticas sobre el modelo de las circunscripciones temporales; es decir, el obispo de la capital de provincia obtenía la primacía sobre los obispos de las demás ciudades.

La intervención del emperador fue decisiva para la victoria de la ortodoxia sobre el arrianismo y sobre las demás herejías. Al mismo tiempo, su intervención ponía en riesgo la fe cuando es un árbitro humano el que prescribe la definición de la doctrina. El emperador debía cumplir con la tarea de imponer la paz en el Estado, y no entrometerse en los asuntos de fe.

Tedosio reforzó las medidas contra el paganismo. Prohibió los sacrificios, culto de las imágenes y asistencia a los templos paganos. En 392 prohibió toda manifestación de culto pagano, incluidos los juegos olímpicos en honor a Zeus; y fueron clausurados los templos de Apolo en Delfos y el Serapeion de Alejandría. Era el final definitivo del paganismo. La iglesia católica dominaba ahora el campo, y por todas partes se extendió una nueva forma de piedad religiosa. El siglo IV fue la época de la veneración de los santos, del culto a las reliquias, de las peregrinaciones.

En la sociedad del Bajo Imperio toda la vida dependía del emperador; los funcionarios de palacio ejercían la función de órganos de transmisión. Todos estaban obligados a servir al Estado y no podían abandonar sus puestos sin exponerse a severos castigos. Las leyes imperiales del siglo IV imponían penas de muerte en número igual a multas; la burocratización del Estado convirtió la vida del Bajo Imperio en una prisión de la que muchos deseaban escapar. Por ello, cuando en el siglo V los bárbaros invadieron las fronteras muchos súbditos del Imperio consideraron que no merecía la pena defender una civilización con la que no se sentían identificados.

Teodosio murió el 17 de enero del año 395, y dejó el Imperio a sus dos hijos. Arcadio recibió

Oriente; Honorio, Occidente. Constantinopla era la capital del Imperio, y desde el año 375 era la residencia imperial en Oriente. Aunque el Imperio romano siguió durante varias décadas más, lo cierto es que el año de la muerte de Teodosio marcó un punto crítico en la Historia Universal. Las diferencias entre las dos mitades del Imperio no se basaban tanto en las instituciones como en la cultura y en los hombres. El Oriente era más rico, y con un poderoso desarrollo comercial. Su monopolio industrial de artículos de lujo era insuperable, y además estaba situado al borde de un mundo en pleno desarrollo, Persia y la India.

A comienzos del siglo V, la invasión de los hunos trajo la desgracia a Occidente, y arrasaron cuanto encontraron a su paso. Paganos y cristianos trataban de buscar una explicación a tanta catástrofe; pensaban que el castigo divino se debía al sacrílego abandono del culto a los dioses tras la muerte de Juliano; otros, estaban convencidos de que Dios devolvía a los romanos el resultado de sus pecados.

Mientras tanto, en el palacio de Constantinopla crecía el odio hacia los germanos y la rivalidad personal entre los dos príncipes derivó en un desencuentro sin solución posible. Fue esta rivalidad, de hecho, el origen de la invasión que terminó con la caída de Roma. Arcadio murió en el año 408 y dejó como heredero a Teodosio II. Estilicón, general que había luchado valientemente junto a Honorio, solicitó permiso para trasladarse a Constantinopla como tutor del joven príncipe, que era menor de edad. Creía que, de este modo, podría imponer su orden en Oriente. Pero su intención no se llevó a término, pues fue asesinado antes de llegar a su destino. Entretanto, Alarico se había establecido en los lugares más estratégicos de las fronteras, y a finales del 409 aisló a Roma del mundo exterior con un bloqueo total. Obligó al Senado a despojar a Honorio de su dignidad imperial y proclamar emperador al prefecto Atalo. En cuanto a Honorio, bloqueado en Rávena, tenía ya pocas esperanzas de sobrevivir a la terrible situación a la que Alarico había llevado a Italia. Roma, hambrienta, se rindió ante Alarico el 24 de agosto de 410.

Para consolar a los cristianos que se sentían abandonados por su Dios en medio de tantos males, San Agustín escribió los 22 libros de su *De civitate Dei*. Y los paganos no se recuperaron jamás del duro golpe; el saqueo de Roma les descubrió la mentira sobre la que se basaba su confianza en los dioses.

Teodosio fue el último emperador romano y el primer emperador bizantino y casi medieval. Con su muerte se inició una crisis de ochenta años, llena de sucesos trágicos como la destrucción de Roma en 410, el final del Imperio de Occidente y la creación de nuevas naciones, todas germánicas. El año 476, cuando el emperador Rómulo Augústulo es destituido por Odoacro, se marca el final del Imperio romano de Occidente.

A continuación, entró en el escenario de la historia Bizancio, que no pretendía ser la continuación del Imperio romano, sino un nuevo Imperio romano con nombre propio.

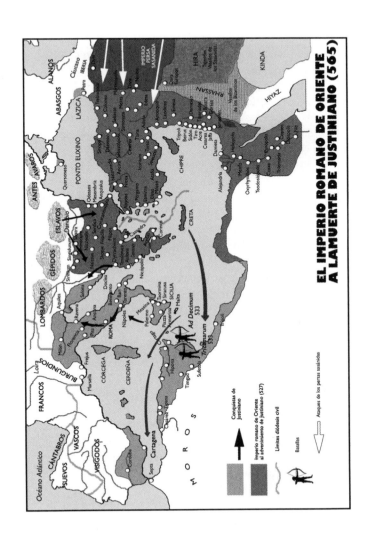

EL IMPERIO ROMANO DE ORIENTE
A LA MUERTE DE JUSTINIANO (565)

CRONOLOGÍA

31 a.C. Batalla de Accio entre Octavio, Marco Antonio y Cleopatra.

27 a.C. Octavio Augusto, primer emperador de Roma.

14 a.C. Muerte de Augusto.

14-37 d.C. Dinastía Claudia: Tiberio, sucesor de Augusto.

26 d.C. Tiberio se aleja de Roma y se retira a Capri.

37-41d.C. Calígula.

41-54 d.C. Claudio.

54-68 d.C. Nerón.

64 d.C. Incendio de Roma: primera persecución de los cristianos.

67-69 d.C. Dinastía Flavia: Vespasiano

70 d.C. Jerusalén queda destruida por Tito, hijo de Vespasiano.

79-81 d.C. Tito, sucesor de Vespasiano.

81-96 d.C. Domiciano.

96 d.C. Nerva.

98-117 d.C. Trajano.

101-117 d.C. Campaña de Trajano en Dacia.

117-138 d.C. Adriano.

138-161 d.C. Antonino Pío.

161-180 d.C. Marco Aurelio.

180-192 d.C. Cómodo.

193-211 d.C. Dinastía de los Severos: Septimio Severo.

211-217 d.C. Caracalla.

212 d.C. Caracalla concede la ciudadanía a todos los habitantes del Imperio romano.

217-218 d.C. Macrino.

218-222 d.C. Heliogábalo.

222-235 d.C. Alejandro Severo.

235-268 d.C. Anarquía militar.

268-270 d.C. Claudio Gótico.

270-275 d.C. Aureliano.

275-276 d.C. Tácito.

276-282 d.C. Marco Aurelio Probo.

282-283 d.C. Marco Aurelio Caro.

284-305 d.C. Diocleciano, restaurador de la autoridad.

301 d.C. Edicto de los precios.

303 d.C. Comienzo de la persecución de los cristianos.

305 d.C. Abdicación de Diocleciano.

305-312 d.C. Luchas entre Galerio, Maximiano, Majencio, Severo, Maximino y Constantino.

306 d.C. Muerte de Constancio Cloro. Severo es augusto de Occidente; también lo son Constantino y Majencio.

307 d.C. Matrimonio de Constantino con Fausta.

308 d.C. Licinio, augusto de Occidente.

310 d.C. Victoria de Constantino sobre los germanos. Muerte de Maximiano.

311 d.C. Edicto de Galerio a favor de los cristianos.

313 d.C. Edicto de Milán a favor de los cristianos.

325 d.C. Constantino convoca el Concilio de Nicea, contra Arrio.

330 d.C. Constantino inaugura en Bizancio la ciudad de Constantinopla, la nueva Roma.

337 d.C. Muerte de Constantino.

337 d.C. Constantino II.

337-361 d.C. Constancio.

361-363 d.C. Juliano el Apóstata.

363-364 d.C. Joviano.

364-375 d.C. Valentiniano.

364-378 d.C. Valente.

367-383 d.C. Graciano.

375-392 d.C. Valentiniano II.

378 d.C. Valente es derrotado en la batalla de Adrianópolis.

379 d.C. Graciano tomó como colega a Teodosio.

374 d.C. Ambrosio, obispo de Milán.

379-395 d.C. Teodosio.

395 d.C. Arcadio y Honorio se reparten el Imperio.

395-408 d.C. Arcadio.

395-423 d.C. Honorio.

410 d.C. Alarico saquea Roma.

410-415 d.C. Ataúlfo, rey de los visigodos.

425-455 d.C. Valentiniano III.

408-450 d.C. Teodosio II.

451 d.C. Los hunos de Atila invaden la Galia y son derrotados por Aecio en los Campos Cataláunicos.

452 d.C. Atila es atajado en Italia por León I.

453 d.C. Muerte de Atila.

455 d.C. Saqueo de Roma por los vándalos.

475 d.C. Eurico, rey de los visigodos, obtiene España.

475-476 d.C. Rómulo Augústulo.

476 d.C. Odoacro depone a Rómulo Augústulo y devuelve al emperador de Oriente, Zenón, las insignias del Imperio, asumiendo el único título de "patricio".

476 d.C. Fin del Imperio de Roma.

RESUMEN DEL ARTE ROMANO

Los orígenes del arte romano están en el arte etrusco. Y es en la época de la República cuando el arte romano empieza a tener características propias, especialmente en su arquitectura.

Todo el arte europeo hasta fines del siglo XVIII fue heredero de la arquitectura romana.

EL ARTE ETRUSCO

Los etruscos llegaron a Italia a mediados del s. VIII a.C. procedentes de Asia Menor.

Sus construcciones con el empleo del arco y la bóveda, frente a la arquitectura arquitrabada del arte griego, fueron el inicio del característico arte romano, aunque la influencia helénica fue muy evidente hasta la época de la República.

En la Escultura aportaron el arte del retrato, que luego sería tan desarrollado por Roma.

Su cultura se desarrolló desde el s. VIII al s. III a.C. en que fueron absorbidos por Roma.

* **Templos:** de planta rectangular, elevados sobre un *podium* y con acceso mediante escalera por su parte anterior. La *cella* o nave interior estaba dividida en tres cámaras y con cubierta a dos aguas, y se hallaba precedida de un pórtico con columnas.

* **Puertas de ciudades:** sirven de modelo a los Arcos Triunfales del Imperio.

* **Cámaras funerarias:** excavadas en la roca o construidas bajo túmulo, fueron el resultado de sus creencias religiosas y solían estar decoradas con pinturas al fresco.

* **Escultura:** en arcilla o bronce, es muy realista, sobre todo en los grupos funerarios.

* **Pintura:** refleja la influencia del arte griego, por los temas tomados de la cerámica, pero sin la gracia y armonía de las obras egipcias.

EL ARTE ROMANO

En principio el arte romano parece una imitación y ampliación del arte griego y etrusco. Es a partir de la República que el arte de este pueblo de soldados y magistrados comienza a destacar con originalidad propia.

Se diferencia del arte griego por el empleo sistemático del arco y la bóveda, por las construcciones colosales, y por el retrato y el relieve histórico.

Se distinguen tres periodos fundamentales:
* Periodo de la República (510 a 30 a.C.): muy relacionado con lo etrusco.
* Periodo de Augusto (30 a.C. a 14 d.C.): edad clásica del arte romano.
* Periodo del Imperio que a su vez se subdivide en otros tres, correspondientes a los tres siglos:
- de Tiberio a Trajano (14 a 117 d.C.).
- de Adriano a Alejandro Severo (117 a 235 d.C.) y
- de Maximino a Constantino (235 a 315 d.C.).

El arte romano es un arte práctico, colosal, de ingenieros más que de artistas. (vease *DE ARCHITECTURA* de Marco Vitrubio Polión, s. I a.C.).

Se extiende por toda la cuenca mediterránea y mantiene los mismos tipos de construcciones:

CONSTRUCCIONES RELIGIOSAS

* **Templos**: con *podium*, escalinata, pórtico *in antis* con columnas y *cella*.

El templo más importante es el Panteón, hecho por Agripa y reconstruido por Adriano a principios del s. II.

* **Tumbas**: aunque al principio copian modelos etruscos, a medida que avanzan las conquistas, se van introduciendo nuevos tipos, como nichos para guardar las cenizas. Los sepulcros pueden tener forma de templos, de templete helenístico, en forma de torre, pirámide, o circular.

CONSTRUCCIONES URBANAS

La casa: consta de un atrio con hueco en lo alto para la recogida de las aguas (*compluvium*), habitaciones laterales (*alae*) y la sala de recibir (*tablinum*). A esto se le añadió el comedor (*triclinium*) y un patio con columnas alrededor (peristylium), aparte de otras habitaciones accesorias. De ella deriva el palacio imperial: Palacio de Augusto.

Basílicas: edificios de tres naves separadas por columnas y ábside en la cabecera, que servían para administrar justicia y tratar de negocios. Tenían cubierta plana de madera o con bóveda.

Termas: edificios que servían tanto para baños como para reunión y recreo de la sociedad romana. Constan de zona de baños calientes (*caldarium*), zona de baños templados (*tepidarium*), baños fríos (*frigidarium*) y de habitaciones para desnudarse (*apodyterium*): las más conocidas son las Termas de Caracalla y Diocleciano en Roma.

Foros: centro de la vida, en el cruce de las vías principales (*cardo y decumana*) y donde estaban los edificios públicos más importantes.

EDIFICIOS PARA ESPECTÁCULOS

Teatros: con *orchestra* semicircular, galerías subterráneas abovedadas (*cavea*), proscenio y escena monumental. Ejs: Teatro Marcelo en Roma y el de Mérida (Badajoz, España).

Anfiteatros: de planta elipsoide. Constan de un doble teatro, con arena en el centro y con foso y construcciones subterráneas para luchadores y fieras. El más famoso es el Coliseo o Anfiteatro Flavio, en Roma, inaugurado en el año 80.

Circos: destinados a las carreras de carros, de planta oblonga, con la espina en el centro y las carceres (que viene de *coercere* que significa retener) en los extremos para guardar los carros. Los mejor conservados son el de Magencio en Roma y el de Mérida (Badajoz, España).

MONUMENTOS CONMEMORATIVOS:

Arcos de Triunfo (de varios tipos):

* de arco sencillo con un solo hueco que se abre en un macizo arquitectónico, flanqueado por columnas o pilastras y coronado con un entablamento y ático con inscripción. Los más conocidos son el de Tito en Roma y el de Bará en Tarragona.

* de tres huecos, el más corriente, con el hueco central más alto. Ejemplos: el de Septimio Severo en Roma y el de Medinaceli (Soria, España).

* en forma de templete, con un arco por cada frente, como el de Caracalla en Tebessa y el de Cáparra en Cáceres, España.

Columnas conmemorativas: se erigían en el Foro y se decoraban con relieves referidos al motivo de su erección, coronadas por la estatua en bronce del emperador divinizado. Las más famosas: la de Trajano y la de Marco Aurelio en Roma.

INGENIERÍA

* La expansión militar y urbana del Imperio requirió la construcción de **calzadas** o vías militares, puentes, pantanos y acueductos. El Imperio romano necesitaba una red de caminos que facilitaran las comunicaciones entre Roma y los más lejanos lugares del Imperio.

* **Los puentes** de uno o varios ojos y los acueductos que arrancaban desde el pantano y salvaban los desniveles del terreno por medio de varias series de arquerías superpuestas, como el de Segovia.

* **Los campamentos militares**: recintos cuadrados o rectangulares, divididos por vías en secciones rectangulares. Tenían puertas en cada uno de sus frentes, la principal al este (*porta praetoria*) y la segunda en importancia al oeste (*porta decumana*).

ESCULTURA

Los patricios romanos adornaron sus casas con estatuas griegas, pero Roma aporta el arte del retrato y el relieve histórico. Desaparecen las figuras idealizadas a favor de acabados retratos de los personajes. Aquí es donde la genialidad romana alcanza su máxima expresión. En la época del Imperio hay tantos encargos que son típicos los bustos de taller, en los que se yuxtaponen las cabezas a un cuerpo ya realizado antes.

RETRATO

Su origen se encuentra en el arte etrusco. Los grupos funerarios se siguen haciendo durante la República. En el Imperio aparece la figura del emperador representado como general victorioso o *imperator*, llevando sus arreos militares (*thoracatae*), o bien como civil, con la toga de

los patricios romanos (*togatae*); también aparece divinizado y semidesnudo en una estatua apoteósica.

Otros retratos interesantes son los retratos femeni-
nos, que pasaron de la sencillez de la época de Augusto a
los complicados de los Flavios. Desde Adriano aparecen
retratos con barba.

También es importante recordar las estatuas ecuestres, como la de Marco Aurelio en bronce, de fines del s.
II y que está en la plaza del Capitolio, en Roma. A partir
del s. III se pierde el sentido de la proporción y comienza
la decadencia.

RELIEVES HISTÓRICOS

Narran ceremonias religiosas o campañas militares. Aparecen a fines del s. III. a.C.: el *Ara Pacis*, de mármol y del
año 9 d.C., es una de las obras maestras del arte romano.
Muy importantes también son las columnas Trajana en el
Foro romano, erigida con motivo de las guerras dacias y
dedicada hacia 113, y la de Marco Aurelio en la plaza
Colonna de Roma.

PINTURA

La conocemos por las que nos han llegado y que decoraban las casas de Pompeya y Herculano. El momento más
importante es el siglo de Augusto.

MOSAICOS

La técnica mosaísta, tomada del Oriente helenístico, fue
muy usada por los romanos en la decoración de muros y
sobre todo para la pavimentación. Había varias técnicas:
* sencillas como el *opus signinum*, con pedacitos de barro
cocido incrustados sobre cemento.
* *opus sectile*, a base de losetas combinadas de mármoles
de colores formando motivos geométricos.
* *opus tesellatum*, que mediante pequeños cubitos o *tese-
llas* de colores reproduce composiciones ornamentales y
figurativas. Sin embargo este trabajo nunca alcanzó la
riqueza de colorido del motivo bizantino. Ejemplo: la Batalla de Issos, con el retrato de Alejandro Magno hallado
en la Casa del Fauno en Pompeya (Museo de Nápoles).

MONUMENTOS ROMANOS EN ESPAÑA

* Acueducto de Segovia
* Acueducto de los Milagros (Cáceres)
* Anfiteatro de Itálica (Sevilla)
* Anfiteatro de Mérida (Badajoz)
* Anfiteatro de Tarragona
* Arco de Bara (Tarragona)
* Arco de Trajano (Mérida, Badajoz)
* Arco del Triunfo de Medinaceli (Soria)
* Casa de Mitreo de Mérida (Badajoz)
* Murallas de Lugo
* Puente de Alcántara (Cáceres)
* Puente de Cangas de Onis (Asturias)
* Puente de Córdoba
* Puente del diablo (Tarragona)
* Puente romano de Mérida (Badajoz)
* Puente de Salamanca
* Teatro de Cartagena (Murcia)
* Teatro de Mérida (Badajoz)
* Teatro de Sagunto (Valencia)
* Ruinas de Baelo Claudia (Cádiz)
* Templo de Augusto (Barcelona)
* Teatro de Segóbriga (Cuenca)
* Templo Diana (Mérida, Badajoz)
* Torre de Hércules (A Coruña)

Bibliografía

BERTOLINI, Francisco. *Historia de Roma. Desde los orígenes itálicos hasta la caída del Imperio de Occidente.* Madrid, 2004.

CAMERON, Averil. *El Bajo Imperio Romano.* Madrid, 2001.

DOPSCH, Alfons. *Fundamentos económicos y sociales de la cultura europea. De César a Carlomagno.* Madrid, 1982.

LE GLAY, Marcel. *Grandeza y Caída del Imperio Romano.* Madrid, 2002.

MILLAR, Fergus. *The Emperor in the Roman World.* Londres, 1992.

MOMMSEN, Theodor. *El mundo de los césares.* Madrid, 1983.

PELIKAN, Jaroslav. *The Excellent Empire. The Fall of Rome and the Triumph of the Church.* New York, 1987.

PETIT, Paul. *La paz romana.* Barcelona, 1976.

ROSTOVTZEFF, Michael. *Historia social y económica del Imperio Romano.* Madrid, 1973.

SORDI, Marta. *The Christians and the Roman Empire.* Madrid, 1994.